선교를 위한 비전

하나님의 영광을 위한 열심

선교를 위한 비전

VISION

톰 웰즈 지음
김형익 옮김

SFC

목차

서문   7

1장	그것은 하나님의 기쁘신 뜻이었다	13
2장	'실용주의'의 신을 거부하라	29
3장	하나님의 자기충족성	45
4장	하나님의 주권적 능력	61
5장	온전히 지혜로우신 하나님	77
6장	하나님의 의	95
7장	하나님의 은혜로우심	113
8장	신실하신 하나님	135
9장	예수 그리스도의 얼굴에 있는 하나님의 영광	155
10장	하나님의 영광과 인간의 필요	173
11장	하나님 앞에서 살아간 데이빗 브레이너드	193
12장	윌리엄 캐리에 대한 새로운 관점	209
13장	헨리 마틴의 본보기	227
14장	남겨진 과업	247

서문

얼마 전 한 선교사가 이렇게 말하는 것을 들었다. "필요성에만 집중해 선교지에 남는다면 결국 사람들에게 비난받고, 쫓겨날 겁니다."

그가 한 말은 틀림없는 진실이다. 그리고 다른 선교사들이 우리에게 들려준 이야기와 다르지 않다. 어느 선교지에도 필요는 넘쳐난다. 바로 그 사실이 좌절의 원인으로 작용할 수 있다. 선교라는 너무나 큰 사명 앞에 선교사는 한없이 작아 보인다. 결국 사람들이 선교사의 수고를 필요로 하지 않는다는 것이 명백하게 느껴질 때, 남는 것은 무엇일까? 바로 그 질문에 대한 답이 선교사가 계속 나아갈지, 아니면 포기할지 결정하게 하는 열쇠가 된다.

그렇다면 답은 무엇인가? 많은 답들 중에 유일한 정답은 하나님이시다.

몇 달 전 오랫동안 태국 선교사로 사역한 여선교사와 대화를 나누면서 왜 오랜 세월동안 태국에 머물렀는지 물었다. 그녀는 주저하지 않고 "하나님의 명령이기 때문입니다. 하나님의 명령이 아니었다면 저는 그곳에 있지 않았을 겁니다"라고 대답했다. 누군가는 그녀의 대답이 차갑고 냉정하다고 생각할 수도 있다. 그녀의 눈이 반짝이지 않는 이유는 이상을 잃어서가 아니다. 이상주의가 사라지고 이상이 남았기 때문이다. 사람들의 필요에 대한 반응이나 '모험 정신'만으로는 그 자리에서 버틸 수 없다는 것을 깨달은 그녀는 분명한 답을 가지고 있었다. 하나님께서는 명령하셨고, 그녀는 명령을 받았음을 확신하고 알았기 때문에 그 자리에 머물렀던 것이다. 그리고 이미 많은 선교사들도 그녀와 같이 말할 것이다. "왜 제가 지금도 선교사로 남아있는지 아십니까? 저는 제가 아닌 다른 분께 속해 있고, 그분의 명령을 수행하는 중이기 때문입니다. 바로 하나님의 명령입니다!"

여기서 분명하게 할 것이 있다. '하나님의 명령'이라는 말은 두 부분으로 이루어져 있다. 중요한 단어는 '하나님'이다. '명령'이라는 단어의 의미도 나름의 무게를 가지고 있지만 '하나님의 명령'에서의 중심은 '하나님'에 있음을 잊지 말아야 한다. 하나님의 명령. 하나님께서 하신 명령이다. 그것이 핵심이다. 이 점이 어떤 의미인지 다시 태국 선교사의 이야기로 돌아가 생각해보자.

내가 그녀를 선교지로 보내기 위해 애를 썼다면 그녀가 갔을까? 그렇지 않았을 것이다. 나의 가장 위엄 있는 목소리와 권위를 이용해 그녀를 보냈다고 해서 과연 내가 생각한 곳에 내가 바라는 만큼 헌신했을까? 만약 그랬다면 주위 모든 사람들은 그녀가 어리석다고 말하며 "고작 저 남자의 말만 믿고 헌신한다고?"라고 질책했을 것이다. 또한 그들의 말은 옳을 것이다.

또한 '하나님'이라는 단어만으로 그녀를 선교지로 떠나게 하기에 충분하지는 않을 것이다. '하나님의 명령'이라는 표현에는 중요한 의미가 숨겨져있다. 바로 알려진 하나님의 성품이다. 왜 내 판단보다 하나님의 명령에 순종해야 하는 것일까? 그것은 하나님이 누구신가 하는 것 때문이다! 우리가 하나님에 대해 알고 있는 바가 그분의 명령이 헛된 것이 아님을 증명한다. 이것은 너무도 명백해서 더 이상 설명할 필요조차 없다. 하나님에 대한 우리의 견해_{우리가 하나님의 비전이라 부르는 것}가 우리의 삶을 설명하고 나타낸다. 특히,

우리에게 하나님의 명령에 어떻게 반응해야 하는지 알려준다. 우리가 하나님을 주님으로 여긴다면 그에 합당하게 행동하겠지만 하나님을 단순한 인생의 방관자로 여긴다면 전혀 다른 방식으로 행동할 것이다.

그런데 만일 하나님의 명령이 존재하지 않는다면 어떨까. 그래도 복음을 땅 끝까지 전해야 하는 이유가 있을까? "전해야한다. 사람들에게는 복음이 필요하고, 복음이 없다면 멸망하기 때문이다"라고 답할 것이다. 하지만 우리가 그 사실조차 알지 못한다고 가정했을 때, 그래도 여전히 모든 민족에게 복음을 전해야 할 이유가 있을까? 선교 사역을 불러일으킬만한 하나님에 대한 어떤 지식이 존재할까? 이 책에서 다루고 싶은 핵심주장은 다음과 같다. 하나님은 그분 자신이 그분 자신으로 알려지고 선포되기에 합당하시며 이 사실이 선교의 동기이자 메시지의 중요한 부분이다.

이 주장의 특이한 점은 내가 보기에 많은 선교 사역의 이면에 이 주장이 전제되어 있다는 것이다. '하나님은 그분 자신이 누구인가로 알려지고 선포되기에 합당하시다'라는 말은 많은 선교사들의 마음을 움직였을 것이라 생각했고, 내 생각이 옳다면 당연히 위의 말이 선교사들이 전하고자 하는 메시지의 일부였을 것이다.

그런데 이상한 점이 있다. 나는 이 사실이 대체로 선교사의 의식 아래에서 작용해 왔다고 생각한다. 즉, 그것은 자주 언급되어 온 내용은 아니다. 적어도 나는 그 내용을 거의 들어본 적이 없다. 이것이 이 책을 쓰는 이유이다. 나는 그 사실을 말하고 싶고 그것이 참되다는 사실을 보여주고 싶다. 또한 그리스도인들이 이 사실을 깨닫는 것이 가장 유익한 일이라고 믿는다.

이 책에서 말하고자 하는 또 하나의 주장은 "하나님에 대해 가장 많이 아는 사람들이야 말로 하나님을 알려야 하는 가장 큰 책임을 가지고 있으며, 또한 그 일을 가장 잘 감당할 수 있도록 준비된 사람들이다"이다.

여러분 가운데는 다른 그리스도인들이 간과해 온 방식으로 하나님의 영광을 발견했다고 생각하는 이들이 있을 것이다. '하나님을 하나님 되시게 하라! *Let God be God!*'를 좌우명으로 삼는 사람들, 혹은 현대 기독교의 '피상성'을 비판하는 사람들도 있을 것이다. 이들은 우리에게 성경과 그 안에 계시된 하나님에 대한 더 깊은 연구로 돌아가자고 간절히 호소한다. 그들은 우리가 가진 하나님 존재에 대한 얄팍한 견해를 버리라고 강하게 권면한다. 그리고 그들의 권면은 매우 바람직한 것이자 우리에게 반드시 필요한 일이다.

나 역시 그들의 호소에 귀 기울여 왔다고 믿고 있으며, 나의 두 번째 주장은 특별히 이러한 이들을 위한 것이다.

모든 독자들에게 한 번 더 말하고자 한다. 하나님은 그분 자신이 그분 자신으로 알려지고 선포되기에 합당하시며, 이 사실은 선교의 동기와 메시지의 중요한 부분이다.

그리고 이 점을 깊이 깨달은 여러분에게 다시 강조하고 싶다. 하나님에 대해 가장 많이 아는 사람들이야말로 하나님을 알려야 하는 가장 큰 책임을 가지고 있으며, 또한 그 일을 가장 잘 감당할 수 있도록 준비된 사람들이다.

1장
그것은 하나님의 기쁘신 뜻이었다

두 가지 대답

몇 년 전, 서양의 한 선교사가 아시아로 복음을 전하러 갔다. 어느 날 그가 설교하고 있을 때 한 사람이 이렇게 말했다.

"그 이야기 참 흥미롭군요. 그런데 궁금한 점이 있습니다. 만일 당신의 말이 사실이라면 왜 나는 이제서야 이 이야기를 듣게 된 것입니까? 왜 우리 아버지는 이 이야기를 듣지 못했고 할아버지도 몰랐습니까? 당신의 말처럼 그것이 진리라면 누군가가 이미 오래전에 우리 민족에게 이 사실을 전했어야 하지 않습니까?"

선교사는 잠시 뒤에 이렇게 대답했다.

"예수님께서 교회에 이 복음을 세상 모든 곳에 전하라고 명령하셨습니다. 그러나 교회는 그 일을 서둘러 하지 못했습니다. 사람이 그렇지 않습니까. 항상 시키는 대로 하지 않는 법이죠."

그렇게 대답하고 선교사는 설교를 이어갔다. 안식년을 맞아 본국으로 돌아온 그는 여러 교회를 다니며 물었다.
"여러분이라면 그 질문에 어떻게 대답하겠습니까?"
선교사의 질문을 들은 대부분의 사람들이 발을 동동 구르며 바닥만 바라보고는 대답을 찾지 못했다. 나도 그 이야기를 처음 들었을 때도 똑같이 반응했던 것 같다.

그 이야기는 조금씩 변형되면서 계속 전해졌다. 사소한 부분은 조금씩 변했지만 그 이야기가 반복해서 전해지는 이유는 여전히 전 세계 여러 사람들에게 동일하게 제기되고 있기 때문이다. 우리 역시 앞의 이야기가 어색하지 않은 이유는 만일 우리가 그 사람들의 입장이었다면 똑같은 질문이 생길 수 있기 때문이다. 여러분도 마찬가지일 것이다. 복음은 수천 년 동안 세상에 존재해 왔다. 그런데 왜 아직도 복음을 한 번도 들어보지 못한 사람들이 많은가?

이 질문에 답하기에 앞서 윌리엄 캐리에 대한 이야기

로 넘어가보자. '근대 선교의 아버지'로 불리는 캐리는 1793년에 인도로 떠나 1834년 주님께서 부르시는 날까지 일생을 그곳에서 설교와 기도, 여러 언어로 신약성경을 번역하는 일에 헌신했다. 전해지는 바에 따르면 그가 주도한 인쇄 사역으로 '3억 명'이 넘는 사람들이 성경을 접할 수 있게 됐다고 한다.

그러나 처음부터 성공적이지 않았다. 오히려 시작은 끊임없는 반대에 부딪힐 수밖에 없었다. 그것은 복음을 접하지 못한 사람들이 보이는 전형적인 저항이었다. 그 반대가 얼마나 심했는지 1797년, 캐리가 한 브라만[힌두교 제사장 계급]과 나누었던 대화에서 알 수 있다. 그 당시 캐리는 아직 첫 회심자에게도 세례를 베풀지 못한 상태였고 그 브라만은 우상숭배를 옹호하고 있었다. 캐리는 사도행전 14장 16절과 17장 30절을 인용해 말했다.

"하나님께서 이전에는 모든 민족이 각기 자기 길로 행하도록 허용하셨지만, 이제는 어디서든 모든 사람에게 회개하라고 명하셨습니다." 캐리의 말을 듣고 브라만은 이렇게 말했다. "정말 그렇다면 하나님이야말로 우리에게 복음을 더 일찍 보내지 않으신 것에 대해 회개하셔야 하지 않습니까?"

이 말은 그 브라만이 캐리의 메시지를 믿지 않는다는 것을 직설적으로 표현한 것이다. 그리고 우리가 앞에서 읽었던 이야기의 동일한 반론이다.

"당신 말이 정말 사실이라면 나는 왜 지금까지 그 이야기를 듣지 못했습니까?"

그런데 여기서 이야기는 새로운 전환점을 맞는다. 윌리엄 캐리는 말문이 막히지도, 물러서지도 않고 오히려 반격을 시작했다. 그는 하나님은 결코 불의한 일을 하시는 분이 아니심을 확실하게 말했다.

> 한 왕국이 오랫동안 그 왕의 적들에 의해 점령당했다고 가정해 보십시오. 그 왕은 적들을 정복할 수 있는 충분한 능력을 가졌음에도 적들이 원하는 만큼 세력을 넓히고 자신들의 왕국을 세우도록 허락했다면 그 왕이 처음부터 그들을 막고 침입을 막았을 때보다 나중에 그들을 몰아낼 때 왕의 용맹과 지혜가 훨씬 뚜렷하게 드러나지 않겠습니까? 마찬가지로 복음의 빛이 퍼짐으로써 이 나라에 아주 깊이 뿌리내린 우상숭배를 무너뜨리고, 세상에 가득한 어둠과 악을 파괴하심에 있어 하나님의 지혜와 능력, 은혜가 훨씬 더 뚜렷하게 드러날 것입니다. 만일 모든 사람들이 오랜 세월동안 자기 길로 행하도록 내버려두지 않으셨다면 이러한 속성들은 그렇게까지 드러나지 않았을 겁니다.

캐리의 말은 우리가 들어보지 못한 대답이다. 이제 그 의미를 살펴보자.

요약하자면 두 가지로 말할 수 있다.

1. 한 때 하나님께서는 인도에 복음을 막아두도록 허락하셨다.

2. 하나님께서 그렇게 하신 데에는 이유가 있으시다. 인도가 깊은 부패에 빠지도록 허락하신 것은 자신의 영광을 위한 것이며 하나님께서 인도를 구원하시는 일은 인간과 천사들의 눈에 더욱 찬란히 빛날 것이다. 이를 통해 하나님께서는 자신의 지혜와 능력, 은혜의 위대함을 드러내실 것이다.

그 브라만이 캐리의 대답을 어떻게 받아들였는지 알 수 없다. 하나님께 반역하는 자의 관점으로 보면 그 어떤 사람의 대답도 별 의미가 없어 보일 수 있다.

하지만 여러분과 나는 다른 종교를 믿는 것이 아니다. 그러므로 우리 자신에게 스스로 질문해야 한다. "위의 두 대답들 중 어떤 대답을 했어야 할까? 어떤 대답이 정답일까?" 이 질문에 대답함으로써 매우 중요한 일인 하나님께서 오늘날 우리에게 추구하도록 의도하신 선교적 비전을 발견하고 붙잡을 수 있게 된다.

어떤 대답이 정답이고 오답인가? 하지만 나는 정답과 오답으로 구분하는 것이 최선이라고 생각하지 않는다. 두 대답 사이에는 같은 문제를 서로 다른 방식으로 바라보고 있는 차이점이 있을 뿐이다. 각 대답을 설명하자면 첫 번째 답의 방식은

> 예수님께서 자신의 교회에 복음을 온 세상에 전하라고 명령하셨지만 교회는 그것을 즉각적으로 실행하지 않고 늦게 움직였다. 우리가 다 아는 것처럼 인간은 항상 들은 대로 행하지 않는다.

이것이 바로 "왜 우리는 지금까지 이 소식을 듣지 못했습니까?"라는 질문에 대한 표준적인 대답이다. 이 대답은 분명히 맞는 말이다. 모든 사람에게 복음을 전하라는 명령은 성경 곳곳에 나타난다. 그러나 우리는 그 명령을 실행하는데 매우 더뎠다. 지금이라는 역사의 늦은 시점에 이르렀음에도 불구하고 그 사명은 온전히 완수되지 않았다. 마치 주님께서 "땅 끝까지 이르러 내 증인이 되리라행 1:8"라고 말씀하시지 않은 것처럼 보이기도 한다. 주님께서 "너희는 가서 모든 민족을 제자로 삼아마 28:19"라고 말씀하지 않으셨는가? 그런데 왜 어째서 이토록 많은 이들이 여전히 희망 한 줄기 보지 못하고 어둠 가운데 남아있는가?

"너희는 나를 불러 주여 주여 하면서도 어찌하여 내가 말하는 것을 행하지 아니하느냐?"^눅6:46라고 물으셨던 예수님은 오늘 우리에게도 질문하고 계신다. "너희는 어찌하여 복음을 모든 사람에게 전하지 않느냐?"라고 말씀하시는 주님께 우리는 적절한 대답을 내놓을 수 없을 것 같다. 여러분은 어떤가? 나는 대답할 수 없다.

수치심이 우리를 사역으로 내모는 것처럼 느껴진다. 주님의 명령을 하찮게 여기고 있는 것일까? 혹은 주님께 무관심한 상태인가? 수치심이 아니라면 복음을 모르는 사람들에 대한 긍휼함이라 생각할 수 있는가? TV 드라마를 보면서는 쉽게 울면서 정작 잃어버린 영혼들의 절규 앞에서는 아무런 감정 없이 앉아 있지는 않는가?

이러한 질문들이 부끄러움을 느끼게 하지만 사람을 움직이게 하는 건 수치심이 아니라고 생각한다. 특히 이 사명을 완수하기 위해서는 겸손보다 더 크고 강력한 동기가 필요하다. 심지어 이방인들의 영적 빈곤함조차도 동기가 될 수는 없다. 우리에게는 더 웅대한 비전이 필요하다. 바로 그 부분이 우리가 앞에서 봤던 두 번째 대답인 윌리엄 캐리의 대답으로 인도한다.

인간의 책임과 하나님의 주권

다시 한 번 윌리엄 캐리의 말을 정리해보자.

1. 한 때 하나님께서는 복음이 인도에 전해지지 않도록 하셨다.

2. 하나님께서는 그렇게 하신 이유가 있으시다.

이것은 놀라운 대답이다. 어떤 사람들에게는 충격적인 대답이기도 하다.

이제 이 말을 어떻게 이해할 수 있는지 살펴보고, 나아가 캐리는 왜 이렇게 답했는지 알아보자. 일단 그의 대답이 무슨 뜻인지는 충분히 이해된다. 그렇기 때문에 더 놀라움과 충격으로 다가오는 것이다. 깊이 이해하기 위해서 신학 서적에 나오는 두 구절을 빌려오려고 한다. 하나는 "인간의 책임"이며, 다른 하나는 "하나님의 주권"이다. 낯설지 않은 이 두 표현은 각각 진리를 대표하며, 또한 역사를 바라보는 두 가지 관점을 나타낸다. 간단하게 각각의 의미를 짚고 넘어가는 것이 유익할 것 같다.

우리가 "인간의 책임"이라 하는 것은 어떤 의미인가? 그것은 인간이 하나님 앞에 자기의 행위에 대한 책임을 져야 한다는 뜻이다. 하나님께서는 인간이 자기 뜻대로 살아가도록 창조하지 않으셨다. 인간은 하나님을 섬기도록 창조되었다. 그 목적을 위해 하나님께서는 인간에게 삶의 규범들을 주셨고 인간은 그 규범을 따라야 할 책임이 있다. 조금 더 정확히 말하자면 인간은 하나님께서 말씀하신 존재가 되도록 부름 받았다고 말할 수 있다. 이것이 곧 '인간의 책임'이다.

인간이 하나님 앞에 책임을 져야 한다는 이 진리는 우리의 삶을 이해하는데 도움을 준다. 그리고 역사를 바라보는 하나의 관점을 제공한다. 전쟁 소식과 경제적 위기, 정치적 결정에 대한 결과를 마주한다. 왜 이러한 일들이 일어나는가. 왜 세상은 혼란으로 가득하고 평화는 멀게 느껴지는 것인가. 왜 역사는 이토록 복잡하게 전개되는가. 우리는 이 모든 것을 어떻게 이해할 수 있을까?

우리는 이런 질문들에 대해 "인간의 책임"이라는 관점에서 대답할 수 있다. 인간은 하나님을 섬기지 않았고, 하나님의 규범에 따라 살지 않았다. 하나님께서 요구하신 것을 행하지 않았기 때문에 인간은 하나님께서 말씀하신 존재가 되지 못했다.

"왜 수많은 이교도들이 아직도 복음을 듣지 못했는가?"라는 질문에 대해서도 같은 대답을 할 수 있다. 여기서 인간의 책임이 등장한다. 그래서 우리는 흔히 들을 수 있는 대답을 반복할 수 있다. "우리가 다 그렇듯이, 사람들은 들은 대로 행하지는 않습니다"라는 대답을 반복하게 된다. 그리고 이 대답은 부정할 수 없는 진실이지 않은가.

그러나 이 대답만으로는 충분하지 않다. 바로 이 지점에서 우리는 심각한 오류에 빠질 수 있다. 위의 대답으로 할 수 있는 말을 다 했다고 생각한다면 우리는 하나님을 전혀 고려하지 않은 셈이 된다. 특히 우리는 하나님의 '주권'을 무시한 것이다.

그렇다면 '하나님의 주권'이란 무엇을 의미하는가? 그것은 하나님께서 그의 창조 세계를 다스리신다는 의미이다. 하나님께서는 자신이 만드신 모든 것 위에 왕으로서 통치하신다. 왕이었던 한 사람이 남긴 말을 빌려 말하자면,

> (하나님은) 하늘의 군대에게든지 땅의 사람에게든지 그는 자기 뜻대로 행하시나니 그의 손을 금하든지 혹시 이르기를 네가 무엇을 하느냐고 할 자가 아무도 없도다 느부갓네살, 단 4:35.

우리는 또 이렇게 말할 수 있다. 역사는 곧 '그분의 이야기'이다. 이것이 바로 하나님의 주권이다.

'하나님의 주권'이라는 말과 관련한 나의 흥미로운 경험을 얘기하려 한다. 내가 대화 중에 이 표현을 사용할 때면

사람들은 재빠르게 이렇게 반응하고는 한다. "아, 저도 하나님의 주권을 믿습니다!" 그것도 느낌표를 덧붙여서 말이다. 그런 반응이 반복적으로 일어난다. 많은 그리스도인이 하나님의 주권을 믿는 사람으로 알려지기를 원하는 것 같다. 그것은 매우 바람직한 일이다.

그러나 나는 또 다른 사실도 발견하게 됐는데, 바로 이러한 그리스도인들이 실제로 일어나는 일들에 대해서는 하나님의 주권으로 해석하지 않는다는 것이다. 어떤 사람들은 '자연 재해'라고 불리는 일들 속에서 하나님의 손길을 본다고 얘기하면서 자연 재해가 하나님의 주권적 통치를 드러내는 사건이라고 여긴다. 반면 또 어떤 사람들은 겉으로 보기에 '축복'으로 보이는 일들에 대해서만 하나님의 주권을 인정하려 한다. 예를 들어 큰 돈이 생겼을 때 "하나님께서 주셨다"라고 말하거나, 앓았던 병이 갑자기 호전되면 그것을 하나님께서 하신 일이라 말한다. 심지어 "우리의 주권자 되시는 하나님께서 축복해 주셨다"라고 말하기도 한다. 물론 이 고백과 감사도 좋은 일이다. 하지만 대부분 거기서 멈추고 더 나아가기를 주저한다.

나는 그 주저함을 이해한다. 가볍게 여기려는 것이 아니다. 주저함은 일종의 두려움으로 볼 수 있다. 곧 하나님을 죄의 창시자로 만들어버리는 건 아닐까 하는 두려워하는 마음이다. 그래서 죄가 관련되어 있을 때에는 "그렇습니다. 하나님은 다스리시는 주권자이십니다. 우리는 그것을 믿습니다. 하지만 죄의 결과에 대해서는 하나님께 책임을 돌리고 싶지 않습니다. 죄는 사람의 책임이지 하나님의 책임이 아닙니다!" 또는 "이 일은 사탄이 역사한 것입니다. 그러니 하나님에 대해서는 말하지 맙시다"라고 말하며 사건의 책임을 사람이나 사탄에게 돌린다.

그들의 반론을 신학적으로 표현하면 "하나님의 주권으로 인간의 책임을 대체하지 맙시다"라고 할 수 있는데, 이 말에 우리는 귀 기울임과 동시에 그 말을 바로잡아야 한다. 그들의 이분법적인 선택을 거부하고 단호하게 말해야 한다. "인간의 책임 아니면 하나님의 주권이라는 식으로 말하지 말아야 합니다. 그것은 둘 중 하나의 문제가 아닙니다. 인간의 책임과 하나님의 주권, 둘 다 입니다. 하나님의 주권을 인간의 책임으로 대체해서는 안 됩니다."

이렇게 말해야 하는 이유는 만일 하나님께서 죄와 관련되지 않은 곳이나 사건만 다스리신다면, 하나님은 이 땅을 다스리는 것이 아니게 되기 때문이다. 만약 죄가 하나님의 뜻을 방해할 수 있다면, 하나님의 주권은 사실이 아니라 단지 글자에 불과하다. 하나님께서 화성이나 토성에서는 다스리실 수 있을지 몰라도, 이 땅에서는 다스리지 않으시는 것이 된다. 우리는 이 사실을 쉽게 입증할 수 있다.

실제로는 인간이 행하는 모든 일에 죄가 개입되어 있다. 인간의 타락 이후부터 지금까지 그러하다. 먼저 자연인 *natural man*이 행하는 모든 일은 죄악된 것이다. "육신의 생각은 하나님과 원수가 되나니 이는 하나님의 법에 굴복하지 아니할 뿐 아니라 할 수도 없음이라 육신에 있는 자들은 하나님을 기쁘시게 할 수 없느니라"^{롬 8:7-8}. 이것이 하나님께서 모든 자연인을 평가하시는 기준이다. 그런데 세상을 '운영'하는 이들은 바로 이러한 사람들이다. 그들은 왕이고, 대통령, 총리이자 경제학자들이며 이 땅 수십억 사람들의 예언자들과 제사장들이다.

그렇다면 하나님께 남겨진 자리는 어디인가. 만약 하나님께서 죄가 있는 곳을 다스리지 않으신다면 하나님의 자리는 없는 것과 같고 '하나님의 주권'이라는 말도 의미를 잃어버려서 존재하지 않을 수 있다. 핵심 진리가 빠진 상태의 '하나님의 주권'이라는 말은 간직할 필요조차 없을 것이다.

또 이것이 전부가 아니다. 만약 하나님께서 죄가 존재하는 곳에서는 통치하지 않으신다면 하나님은 그리스도인의 마음속에서도 통치하지 않으시는 것과 같다. "주께 범죄

하지 아니하는 사람이 없다"^대하 6:36. 그리고 "만일 우리가 죄가 없다고 말하면 스스로 속이고 또 진리가 우리 속에 있지 아니할 것"^요일 1:8이다. 이처럼, 그리스도인의 마음속에서도 죄가 하나님을 왕좌에서 끌어내릴 것이다.

이 문제를 피하기 위해 어떤 이들은 하나님의 주권을 역사의 마지막에만 한정지으려고 한다. 그들은 "언젠가는 하나님께서 모든 조각들을 맞추실 것이다. 결국에는 모든 일이 바르게 이루어질 것이다." 라고 말한다. 물론 그렇게 될 것이다. 하지만 그것이 하나님의 주권이 의미하는 전부라면 지금 이 순간의 하나님은 아무것도 하실 수 없는 상태라는 뜻이다.

어떻게 이 말을 인정할 수 있겠는가! 그럴 수 없다. 우리는 그렇게 믿을 수 없고, 믿어서도 안 된다. 모든 성경이 그것을 부정하고 있고 하나님은 지금도 여전히 통치하고 계신다. 우리 주 예수님께서 "하늘과 땅의 모든 권세를 내게 주셨으니"^마 28:18라고 말씀하시지 않으셨는가? 예수님께서 그분의 보좌를 포기하셨는가? 아니다! 하늘이나 땅의 어떤 권세도 그분의 보좌를 무너뜨릴 수 없다!

나는 인간의 책임이 역사를 바라보는 하나의 관점을 제공한다고 말했는데, 하나님의 주권 또한 하나의 관점을 제공한다. 우리는 전쟁과 경제 위기에 대해 듣는다. 정치 지도자들의 행보와 행동이 초래하는 결과를 보게 된다. 왜 이런 일들이 일어나는가? 역사는 왜 이러한 모습인가? 하는 질문에 인간의 책임이라는 관점에서 답을 내렸다. 그리고 그 답들은 진실이다. 사람들은 하나님을 섬기지 않았고, 하나님께서 말씀하신 것을 따르지 않았다.

그러나 이 대답만으로는 완전한 답이 될 수 없고, 세상을 바라보는 또 하나의 관점인 '하나님의 주권'으로도 답을 살펴봐야 한다. 그렇다면 어떻게 해야 하는가? 하나님께서 통치하신다면 우리는 인간의 책임을 부인할 수 없다. 그리스도인들이 마땅히 행했어야 할 모든 일을 다 했다고 주장할 수 없다. 또한 하나님께서 죄가 있는 한가운데서 어떻게 스스로 더럽혀지지 않으시고 통치하시는지를 우리가 다 이해한 척할 필요도 없다. 그 해답은 하나님만 아신다. 나와 여러분 모두 알 수 없다.

그러나 하나님께서 통치하신다는 사실로 인해 우리가 반드시 해야 할 말이 있다. 인간의 실패를 명확히 말하는 것만큼 분명하게 해야 할 말이다. 바로 윌리엄 캐리의 말이다.

    1. 하나님께서 그렇게 하시기를 기뻐하셨다.
    2. 하나님께는 그분 자신의 이유가 있으셨다.

캐리의 대답에는 본능적인 태도가 있다. 그것은 하나님께로 돌아가려는 본능이다. 오늘날 우리에게 그 본능은 정말 필요하다! 물론 우리는 우리의 책임을 굳게 붙들고 놓쳐서는 안 된다. 그러나 무엇보다 우리가 할 일은 "하나님께서 그렇게 하시기를 기뻐하셨고, 하나님께는 이유가 있으셨다"라고 고백하고, 생각하고 느끼는 법을 배우도록 기도하는 것이다. 결국 모든 것의 궁극적은 결론은 바로 하나님이시다!

2장
'실용주의'의 신을 거부하라

    이 책은 선교에 관한 내용이지만, 성급하게 결론으로 나아가서는 안 된다. 한 사람이 선교사가 되기 전에 그는 먼저 그리스도인이어야 한다. 선교사가 가져야 하는 태도의 뿌리는 그리스도인이 됨에 있다. 이런 속담이 있다. "아이는 어른의 아버지다." 말하자면, 그리스도인이 선교사의 아버지인 셈이다. 그러므로 선교사가 하나님 중심적이어야 한다면 먼저 그리스도인이 하나님 중심적이어야 한다는 사실이다. 여기서 한 가지 질문을 던지려고 한다. 그리스도인의 삶 속에서 무엇이 하나님 중심으로 준비시키는가? 무엇이 우리로 하여금 "궁극적으로는 하나님이다!"라고 말하게 만드는가?

그리스도인은 예배자이다

나는 여러분이 막연하고 일반적인 방식이 아니라, 한 사람이 그리스도인이 될 때 실제로 어떤 일이 일이 일어나는지 생각해보기를 바란다. 나는 사도 바울의 묘사를 통해 구체적으로 생각해보려고 한다. 바울은 고린도에 있는 그리스도인들에게 편지를 쓰며 그리스도인의 삶의 시작을 묘사했다. 그는 그것을 "하나님의 영광을 아는 빛을 마음에 비추신 것"고후 4:6이라고 표현하였다.

한 사람이 그리스도인이 되면 그는 하나님을 새로운 방식으로 보게 되고, 하나님의 영광을 보게 된다. 하나님께는 이전에는 보지 못했던 광채, 장엄함, 위엄이 있다. 이제 그리스도인은 새로운 사람이요, 하나님에 대한 새로운 인식을 갖게 된다고 바울은 말하고 있다.

여러분도 자신이 그리스도인이 되었을 때 하나님에 대한 새로운 시각을 가졌던 경험을 기억할 수도 있다. 그러나 그것을 기억하는 것이 필수적인 것은 아니다. 하나님에 대한 더 새롭고 깊은 인식을 가졌다는 증거는, 여러분이 그것을 기억하든 기억하지 못하든 동일하게 나타난다. 그 증거는 바로 여러분이 하나님을 예배하는 자가 되었다는 사실이다. 하나님께서는 예배자를 찾으셨고, 여러분을 붙드셨다. 우리가 그리스도인에 다른 이름을 붙인다면, 그것은 "참 하나님을 예배하는 참된 예배자들"이라고 부를 수 있을 것이다. 물론 그것이 전부는 아니지만, 가장 기초적인 정체성이다. 그리스도인은 하나님을 예배하는 사람이다. 만일 여러분이 하나님을 예배하지 않는다면, 그리스도인이 아니다.

여기서 중요한 점은 예배는 위대함에 대한 반응이라는 것이다. "이제부터 나는 예배자가 되어야지"라고 말한다고 해서 예배자가 되는 것은 아니다. 불가능하다. 예배자가 되는 것은, 위대한 것을 보고 그것이 감탄이나 경외를 불러일으킬 때이다. 오직 그럴 때에만 참된 예배자가 된다. 예배는 위대함에 대한 응답이다. 청교도 토머스 왓슨의 말대로, "우리는 하나님께 찬탄을 금하지 못하게 될 때, 하나님을 영화롭게 한다."

물론 우리는 예배자를 흉내낼 수 있다. 사람들에게 적절한 말을 하도록 가르치고, 정해진 찬송을 부르게 하면서 그 행위를 '예배'라고 부를 수 있다. 그렇게 우리 자신도, 그들도 스스로 하나님을 예배하고 있다고 착각하게 만들 수 있다. 그러나 참된 예배자로 만들 수는 없다. 오직 하나님만이 자신의 성품과 존재에 대한 빛을 비추심으로써 그렇게 하신다. 어떤 사람이 그 빛을 보게 될 때, 그는 예배자가 되는 것이다. 예배는 위대함을 인식한 인간의 반응이다.

이것을 이해하는 것은 매우 중요하다. 우리가 '예배'라고 부르는 모임은 어떤 자리인가. 예배자가 되는 자리인가? 전혀 그렇지 않다. 우리가 예배자가 아닌 채로 예배모임에 참석한다고 예배자가 되지 않는다. 단 한 가지 예외가 있는데, 하나님께서 우리를 그 모임에서 거듭나게 하셔서 우리가 그리스도인이 되는 경우다. 만일 우리가 모임 중에 거듭난다면, 그때 우리는 예배자가 될 것이다. 그것이 유일한 예외다. 그렇지 않다면 예배 모임에 참석한다고 해서 예배자가 되는 것은 결코 아니다.

그렇다면 그리스도인이 되면 어떻게 되는 것일까? 하나님을 새로운 방식으로 보게 되며, '하나님의 영광을 알게' 된다. 하나님 안에서 이전에 보지 못했던 광채와 장엄함을 본다. 거듭난 그리스도인은 본인이 '오직 참 하나님과 그가 보내신 예수 그리스도'를 알기 시작했음을 깨닫는다. 그리고 전능하신 하나님을 예배한다.

어쩌면 이 사실을 과장해서 표현할 수도 있다. 우리는 새로운 그리스도인에 대해 오해해서는 안된다. 이미 성숙한 상태로 태어난 사람으로 생각하는 태도를 주의해야 한다. 하나님께서는 새로운 그리스도인에게 앞으로 더 많은 장엄함과 영광을 드러내실 것이고, 그리스도인은 배워나갈 것이 많아질 것은 부정할 수 없는 진실이다. 그 과정을 통해 하나님에 대한 장엄하고 영광스러운 새로운 시각을 갖게 될 것이다.

한 걸음 더 나아가서, 그리스도인이 된 다음은 어떻게 되는가? 여기서도 바울이 우리에게 답을 준다. 만일 그에게 "당신의 삶의 방식은 무엇입니까?" 라고 묻는다면, 그는 이렇게 대답할 것이다.

> (내가) 모든 것을 해로 여김은 내 주 그리스도 예수를 아는 지식이 가장 고상하기 때문이다 빌 3:8

그리스도를 아는 지식과 비교될 수 있는 것은 아무것도 없다. 왜 바울은 여기서 '하나님'이 아니라 '그리스도'라고 말했을까? 그리스도께서 바울의 사랑을 차지하기 위해 하나님과 경쟁하신다는 뜻인가? 그렇지 않다! 그리스도 안에서 하나님은 가장 잘 계시되신다. 바울은 처음으로 예수 그리스도의 얼굴에 있는 하나님의 영광을 보았다. 그리고 그는 바로 그 얼굴, 즉 바로 그 인격 안에서 하나님의 영광을 더 깊이 보게 될 것을 기대한다. 바울이 그리스도를 알고자 하는 것은 하나님을 더 잘 알기 위함이다.

그러므로 그리스도인의 삶은 하나님을 아는 지식을

통해 시작된다. 그리고 그 지식이 자라가면서 그 삶도 함께 성장한다. 성숙이란 결국 "하나님은 어떤 분이신가?"라는 질문에 대한 답을 점차 발견해 가는 것이다.

인생의 끝을 맞이할 때는 어떨까? 이 문제에 대해서도 성경은 분명히 알려 준다. 미래는 하나님이 어떤 분인지 새롭게 보는 때가 될 것이며, 모든 참된 그리스도인들과 함께 그 새로운 계시를 기쁨으로 누리며 찬양하게 될 것이다.

바울은 그때의 하나님을 아는 지식에 대해 더 많은 것을 말한다.

> 우리가 지금은 거울로 보는 것 같이 희미하나 그 때에는 얼굴과 얼굴을 대하여 볼 것이요 지금은 내가 부분적으로 아나 그 때에는 주께서 나를 아신 것 같이 내가 온전히 알리라 고전 13:12

"주께서 나를 아신 것 같이 내가 온전히 알리라"는 지금 이 땅에서는 알 수 없는 방식으로 하나님을 알게 된다는 의미이다. 요한의 표현을 빌리자면, "그가 나타나시면 우리가 그와 같을 줄을 아는 것은 그의 참모습 그대로 볼 것이기 때문"이다 요일 3:2.

이러한 하나님의 더 온전한 지식을 단지 우리의 호기

심을 충족시키기 위한 것으로 생각해서는 안 된다. 그것은 우리의 궁금증을 해소하는 것을 물론, 이전에는 결코 경험하지 못했던 방식으로 하나님을 찬양하게 하는 큰 역할을 할 것이다.

그 기대되는 감격은 요한계시록의 말씀 속에서도 느낄 수 있다.

> 내가 또 들으니 하늘 위에와 땅 위에와 땅 아래와 바다 위에와 또 그 가운데 모든 피조물이 이르되 보좌에 앉으신 이와 어린 양에게 찬송과 존귀와 영광과 권능을 세세토록 돌릴지어다 하니 계5:13

여기서 말하는 피조물에는 사람들을 포함한다. 사람들이 경배와 찬양하는 이유는 프로그램처럼 입력된 것이 아니라, 오히려 하나님의 지식에 압도된 반응이기 때문이다. "하나님은 그분 자신이 누구이신가에 따라 알려질 만한 분이시다"라는 것이 그들의 확신이며, 하나님 안에서 자랑한다.

이 일은 절대 지루한 일이 아니다. "하나님께 왕과 제사장으로 세움을 받은 자들"계5:10에게 합당한 일이다.

하나님에 관한 비전

그리고 다시 하늘에서 이 세상으로 돌아와 보자. 나는 앞에서 그리스도인의 삶에 대해 세 가지를 말했다.

1. 그리스도인의 삶은 하나님의 지식 안에서 태어난다.
2. 그리스도인의 삶은 하나님의 지식 안에서 자라나는 만큼 성숙해진다.
3. 그리스도인의 삶의 목표는 하나님의 영광과 위대하심이 가장 충만하게 드러나시는 것이다.

다시 말하면, 이것이 바로 삶의 의미이다.

하나님을 알지 못하는 사람은 죽은 자이다. 하나님을 알고, 점점 더 그분을 알아가는 사람은 힘있게 살아 있는 자이다. 반복해서 말한 것처럼, 예수님께서도 아버지께 이렇게 말씀하셨다.

> "영생은 곧 유일하신 참 하나님과 그가 보내신 자 예수 그리스도를 아는 것이니이다" 요 17:3

사람은 반드시 하나님을 알아야 한다. 반드시 해야 할 유일한 일이다. 그리고 이것은 하나님의 성품의 길이와 너비와 높이와 깊이를 따라 하나님이 알려지시기에 지극히 합당하시다는 의미이다. 그리스도인은 하나님을 탐구하는 자이다. 그리스도인의 비전은 곧 하나님의 비전^{보이시는 것}이고, 선교의 비전 역시 하나님의 비전^{보이시는 것}이다.

    그것은 그리스도인의 비전과 다른 어떤 것이 아니다. 단순히 즐기는 것을 넘어 함께 나누어야 하는 비전이다. 선교의 비전은 하나님에 대한 자연적인 감각이 없는 사람들과 그 비전을 나누는 것이며, 그들도 마침내 "하나님을 찬미하는 자들"이 되기를 소망하는 가운데 하나님께서 그들에게도 그 감각을 만들어 주시기를 바라는 소망 속에서 나누는 것이다. 즉 하나님의 비전^{보이시는 것}을 나누는 것, 그것이 곧 선교의 과제이다.

    그러므로 가장 깊고 참된 의미로 볼 때, 우리는 모두 선교사이다. 선교사들을 움직이는 자극과 감동은 모든 그리스도인들을 움직이는 동기들과 전혀 다른 것이라고 생각해서는 안 된다. 나 역시 그렇게 말할 수 없고, 그런 생각은 우리의 마음에서 없애야 한다. 아마 우리는 외국으로 가는 것을 전혀 생각하지 않을 수 있다. 그것은 우리에게 적합하지 않은 일일 수도 있다. 그러나 그것은 아무런 차이를 만들지 못한다. 그리스도인이라면 모든 일에 있어 가장 높고 탁월한 동기를 가지고 있어야 한다. 그리고 그 동기는 선교사가 가져야 하는 동기와도 동일하다.

흔히 '선교사'라는 단어를, 나라까지는 아니더라도 자기 문화권을 떠나 그리스도를 섬기러 가는 사람을 가리키는 말로 사용하게 되었다. 나 역시 이 글에서 이 단어를 그렇게 사용하고 있다. 하지만 그 원리는 우리 모두에게 적용된다.

실용주의 신에 대한 거부

선교사는 무엇을 해야 하는가? 시편 기자는 이렇게 답한다. "그의 영광을 백성들 가운데에, 그의 기이한 행적을 만민 가운데에 선포할지어다!"^{시 96:3}. 이 일은 가장 고귀한 일꾼에게 어울리는 일이다. 이것은 우리를 사로잡았다가도 전화벨이 울리거나 우유 배달부가 도착하고, 우리가 현실 세계로 되돌아오면 사라져 버리기 쉽다.

나의 말에 "맞아요."라고 말하거나 "바로 그거예요. 우리는 하나님의 영광을 선포해야 해요. 그건 의심할 여지가 없죠! 그런데 문제는, 실제적으로 그걸 어떻게 해야 하느냐는 거예요. 도와주실 수 있나요?"라고 질문할 수 있다.

글쎄, 나는 어떤 '프로그램' 같은 것을 가지고 있지 않다. 누군가가 이번 주에 바로 써먹을 수 있는 방법을 원한다면, 도와줄 수 없다. 그러나 이 문제를 다른 방식으로 바라

볼 수 있다. 다른 관점에서 생각할 수 있다. 그리고 나는 당신이 그렇게 해야 한다고 믿는다. 즉각 실행 가능한 프로그램을 생각하지 말고, 당신의 하나님을 아는 지식을 점차적으로 넓혀가야 한다. 그리하여 하나님의 영광을 말하는 것이 당신 존재의 일부가 되어야 한다. 선교사든 아니든, 모든 그리스도인이 그렇게 되어야 한다.

하나님의 보좌 주위에서 찬송하는 자들을 기억하라. 그들은 프로그램에 따라 그렇게 하는 것이 아니다. 그들은 하나님의 영광을 선포하는 것이 마치 먹고 마시는 것처럼 자연스러운 자들이다.

그렇다면 어디서부터 시작해야 할까? 하나의 대답은, 우리가 살고 있는 시대를 직면하는 것이다. 우리는 '실용적인 신 *the utilitarian god*'의 시대에 살고 있다. 이 표현은 A. W. 토저 *A. W. Tozer*의 것이다. 이 신은 우리가 원하는 목적을 이루기 위해 사용할 수 있는 그런 존재다. 가령 우리가 행복과 성공을 원한다고 하자. 그것들을 얻기 위해 어떻게 해야 할까? 이 신은 무대 뒤에서 우리를 위해 그것들을 주려고 기다리고 있다. 그에게 다가가는 정확한 공식을 찾아내기만 하면 원하는 것을 얻을 수 있을 것이다!

그가 하는 일, 더 구체적으로는 그가 제공해주는 것으

로만 알려질 가치가 있는 신이다. 이런 신의 선물 너머를 들여다볼 필요는 없다. 사람들은 이 신이 어떤 존재인지에 별로 관심이 없다. 마치 전화기 너머의 점원이 어떤 인물인지에 관심을 갖지 않는 것과 같다. 그가 우리의 심부름을 처리해줄 수만 있다면, 그것으로 충분하다. 그의 인격은 그의 문제일 뿐이다. 그는 그가 원하는 대로 존재하면 된다.

이제 우리는 이 신을, 단호하게, 그리고 영원히 거부해야 한다. 물론 나는 참된 그리스도인이 '실용주의 신^{utilitarian god}'을 따를 수 있다고 말하려는 것이 아니다. 그럴 수 없다. 왜냐하면 그런 신에게는 예배를 불러일으킬 요소가 전혀 없기 때문이다. "나를 섬기는 신"은 예배가 아니라 아첨을 요구한다. 그리스도인은, 우리가 이미 살펴본 것처럼, 하나님을 예배하는 사람이다. 만일 하나님을 예배하지 않는다면, 그는 그리스도인이 아니다. 그렇다. 그리스도인은 '실용적인 신'을 따르지 않는다.

하지만 이 문제에는 또 다른 측면이 있다. 그리스도인이, 자신이 듣는 '실용주의 신'에 대한 이야기들로, 참 하나님에 대한 관점을 무의식중에 물들일 가능성은 없는가? 우리는 이 질문을 정면으로 마주해야 한다. 그리고 마주 했을 때, 나는 많은 이들이 실제로 이러한 영향을 받고 있음을 발견하게 될까 두렵다. 어쩌면 당신과 나 또한 그랬을지도 모른다. 그렇기 때문에 우리는 '나를 섬기는 신_god-who-serves-ME_'을 영원히 거부해야 한다.

'성공'이라는 문제를 생각해보자. '실용주의 신'은 추종자들에게 성공을 약속한다. 우리는 어떤가. 참 하나님을 열정과 헌신으로 섬기면, 그분이 성공을 주실 것이라고 기대해야 할까? 우리가 살고 있는 성공 중심의 사회, 성공 지향적인 문화를 하나나님께서 고려하셔서 나의 섬김의 대가로 내게 만족스러운 결과를 주시고, 내가 한 일로 나를 기분 좋게 해주실 것을 기대하고 있는가? 다시 말해, 하나님께서 그 정도까지 나의 종이 되기를 바라는 것인가?

그렇다면 아마도 하나님은 나를 실망시키실 가능성이 크다. 하나님은, 세상의 기준과 상관없이, 신실함이 곧 성공이라는 것을 가르치시려는 계획을 가지고 계실지도 모른다. 그리고 하나님은 나의 세속성을 고치기로 결정하셨을 수 있다. 결국 세속성_worldliness_이란, 내 주변 세상의 사고방식을 그대로 받아들이는 것 그 이상도 이하도 아니기 때문이다.

또 하나의 예로, 건강에 대해 생각해보자. 우리의 문화는 단지 성공 지향적일 뿐 아니라 젊음을 숭배하는 문화이기도 하다. 그런데 젊음은 곧 활력과 건강의 시기다. 그렇다면 이것이 우리에게 어떤 영향을 미치는가? 이 문화로 인해 건강을 지나치게 갈망하게 되지 않았는지 염려된다. 오해하지 말라. 건강이 큰 축복이라는 사실을 잘 알고 있고, 폄하하려는 것이 아니다. 나는 건강하기 때문에 글도 말도 쉽게 할 수 있다는 사실을 잘 안다. 하지만 모든 그리스도인이 알고 있듯이, 건강보다 더 큰 축복은 바로 하나님의 뜻 안에 거하는 것이다. 그리고 내가 아무리 내 활력을 유지하고 싶어도, 건강을 포함한 모든 일에 대해 이렇게 말할 수 있어야 한다.

"주의 뜻이 이루어지이다."

SNS에 건장한 젊은 육체들로 가득 찼다고 해서, 그것이 우리에게 영향을 미치고 우리의태도를 형성하게 해서는 안 된다. 하나님께서 건강을 주신다면, 경외하는 마음으로 감사해야 한다. 그러나 우리는 건강이든 다른 어떤 것이든 그것을 위해 하나님을 '이용'해서는 안 된다. 만일 이용해야 한다면, 차라리 하나님께서 우리를 이용하시는 것이 훨씬 낫다는 것은 분명하다. 하나님께서 우리를 사용하신다면, 그 뒤에는 무한한 지혜가 있기 때문이다.

다시 말하면, '실용주의의 신'을 거부하는 것이 그리스도인의 삶으로 나아가는 첫 번째 단계인 것이다. 우리는 성공과 건강을 위해 기도할 수 있다. 그리고 우리가 바람직

하게 여기는 어떤 것이든 그것을 위해 기도하는 것은 옳다. 하나님께서는 종종 우리가 얻지 못하는 이유가 구하지 않기 때문이라고 말씀하셨다. 그러나 그것이 하나님께서 말씀하신 전부는 아니다. 하나님은 또한 "뜻이 하늘에서 이루어진 것 같이 땅에서도 이루어지이다"^{마6:10}라고 기도하라고 명령하셨다. 만일 이 기도를 단 한 번이라도 진심으로 드린 적이 있다면, 우리는 스스로 수많은 어리석은 요청들의 문을 알고 닫아버린 것이다.

첫 번째 단계, 즉 '포기의 단계'는 설명하기는 쉽다. 그렇다고 실천하기도 쉽다는 의미는 아니다. 더 이상 이 부분을 길게 논의할 필요는 없다는 것이다. 이제 두 번째 단계, 곧 '긍정의 단계'는 전혀 다른 이야기로, 이 책의 나머지 대부분에서 다룰 문제이다. 나는 하나님의 속성들을 조망해 보려고 하는데, 모든 속성을 다 다루겠다는 뜻은 아니다. 선택적으로 몇 가지 속성을 골라, 그 속성이 세계 선교와 어떤 관련이 있는지 여러분과 함께 살펴보고자 한다. 마지막까지 함께해주기를 바란다.

3장
하나님의 자기충족성

하나님의 자기충족성*self-sufficiency*에서 시작하는 것이 가장 좋아 보인다. 이 표현이 익숙하지 않을 수도 있다. 우리는 하나님의 자기충족성에 대해 자주 말하지 않는데, 그건 그리스도인에게 손해다. 하나님의 자기충족성을 통해 우리가 가진 하나님에 대한 얕은 사고의 뿌리를 발견할 수 있을지도 모른다.

하나님의 자기충족성이란 하나님께는 필요한 것이 없다는 것을 의미한다. 또는 하나님은 자신을 기쁘시게 하는 것 외에 아무것도 필요로 하지 않으신다고 말할 수 있다.

그리스도인이 아니라도, 이 사실을 어렵지 않게 받아들일 수 있을 것이다. 우리는 하나님께서 우주를 공간 속에 던져 넣으시고, 마치 소년이 백 번째 비누방울을 심심풀이로 불고는 비누방울이 어떻게 되든 전혀 신경 쓰지 않는 것처럼, 우주를 내버려두고 그냥 가버리셨다고 여길지도 모른다. 그리고 실제로 많은 사람들이 가진 관점이다. 그들에게 하나님을 믿느냐고 물으면 "예"라고 대답하지만 하나님께서 인간과 관계를 맺고 있다고 생각하는지 물으면 "아니오"라고 답한다. 하나님은 존재하지만, 어디론가 떠나셨고, 어디로 가셨는지 알지 못한다고 얘기하는 것과 같다.

여러분들이 보는 것처럼, 바로 이 '관계'라는 전반적인 주제가 하나님의 자기충족성 *self-sufficiency*에 대한 질문을 날카롭게 제기한다. 만일 하나님이 단순한 창조주 그 이상, 곧 율법을 만드셨고, 심판하시는 분이시며, 구원하시는 분이시라면 하나님은 분명히 그러하시다 한 문제에 직면하게 된다. 우리는 이 문제를 질문 형식으로 바꿔 표현할 수 있다. 하나님께서는 이러한 관계들 속으로 들어오셔서 어떤 필요를 채우셨는가? 왜 하나님은 자신의 존재 안에 있는 풍요로움을 홀로 영원히 누리시지 않으셨는가?

이 질문에 대해 내가 아는 한, "그렇게 행하신 것이 하나님을 기쁘시게 했기 때문이다"라는 답이 가장 명확하다.

성경은 이 점에 대해 분명하게 말하고 있다. 바울은 아테네 사람들에게 무지한 예배란 하나님께서 무언가를 필요로 하신다는 전제에서 비롯된 예배라고 말했다. 그것이 예배의 잘못된 출발점이라는 것이다. 바울은 "또 무엇이 부족한 것처럼 사람의 손으로 섬김을 받으시는 것이 아니니"^{행 17:25}라고 말했다. 세상이 하나님을 필요로 한다. 그 필요는 우리 쪽에 있는 것이지, 하나님 쪽에 있지 않다. 하나님은 세상을 필요로 하지 않으신다.

바울의 아테네 설교에 대해서는 이런 비판도 있다.

> "그곳에서 사도는 철학자들을 그들의 논리적 기반 위에서 만났다 … 그의 연설은 웅변술로서도, 논리로서도, 철학적 사유의 한 표본으로서도 훌륭했다. 그러나 회심을 이끌어내는 데 있어서는 부족했다. 아테네에서의 바울의 사역은 실패였다. …"

위 주장에 따르면 바울이 그리스도를 전하지 못했다는 것이다. 만약 그가 그리스도를 전했다면, 성공했을 것이라는 주장이다. 참 불쌍한 바울이다!

그러나 바울은 비평가들보다 더 지혜로웠다. 바울에게는 하나님과 그리스도를 말하는 것만으로는 충분하지 않았다. 중요한 사실을 함께 전해야 한다고 생각했고, 바울은 오늘날 많은 사람들이 잊고 있는 사실을 말하고자 했다. 곧, 자연인은 하나님에 대한 잘못된 관점을 가지고 있다는 것이다. 만약 사람들이 참 하나님에 대한 올바른 관념을 가지고 있지 않다면, "하나님이 세상을 이처럼 사랑하사"라는 말로는 어떤 참된 것도 전달하지 못한다. 하나님의 아들을 말하는 것으로 나아간다고 해도, 사람들은 자신들이 가지고 있는 타락한 하나님의 개념과 동일한 수준에 그리스도를 두려고 할 뿐이다. 그것은 용납될 수 없다. 바울은 그것을 잘 알고 있었다. 여기서 볼 수 있는 것은 단순한 "철학적 사유의 한 표본"이 아니다. 분명 이것은 아마도 청중의 조롱 때문에 중단되었을지도 모르는, 이방인들을 향한 기독교 설교의 예이다. "하나님은 아무것도 필요로 하지 않으신다."는 것은 단순한 철학이 아닌 기독교 교리이다.

그러나 우리는 이것을 개인적인 차원까지 가져갈 수 있도록 충분히 살펴봐야 한다. "하나님은 아무것도 필요로 하지 않으신다"는 말은, 곧 하나님은 나를 필요로 하지 않으신다는 의미이다. 이 사실이 마음에 들지 않을 수도 있지만, 사실이다. 이 사실은 나의 위치를 분명하게 해준다. 하나님은 나를 필요로 하지 않으시며, 당신 또한 필요로 하지 않으신다.

내가 어렸을 때, 어떤 남자가 "나는 유색인들을 좋아해. 그들의 자리에 있을 때만 말이지."라고 말하는 것을 들은 적이 있다. 그가 강조했던 것은 바로 마지막 두 단어, "그들의 자리에"였다. 하지만 그의 말이 진짜 의미한 것은 달랐다. 그가 사용한 표현은 흔히 쓰였던 표현이었다. 그는 백인들이 정해 놓은 자리에 흑인들이 벗어나지 않았을 때 그들을 좋아한다는 뜻이었다. 그리고 그의 생각은 틀린 생각이다. 하지만 우리도 다른 사람들이 우리 마음에 드는 자리에 머물러 있고, 우리가 원하는 자리에 있으려 할 때 그들을 좋아한다.

앞의 남자가 그 말을 다른 의미로 사용했다면, 그는 옳았을 것이다. 하나님은 우리를, 우리 모두를, 어떤 피부색을 가졌든지 간에 제자리에 두실 권리를 가지고 계시고, 그렇게 하셨다. 하나님은 우리가 그분께 필요 없는 존재임을 알려주심으로써 그렇게 하셨다. 예수님은 이렇게 가르치셨다.

"우리는 무익한 종이라" 눅 17:10.

하나님의 자기충족성 *self-sufficiency*은 단지 그 자체로 진리일 뿐만 아니라, 지극히 실제적이다. 하나님의 자기충족성을 아는 것은 우리와 하나님 사이의 헤아릴 수 없는 간격을 이해하도록 도와준다. 우리는 하나님께 아무것도 더할 수 없다. 하나님은 더해질 필요가 전혀 없으신 분이다.

또한 하나님의 자기충족성은 내가 하나님과 거래를 할 수 없다는 의미이기도 하다. 바울이 아테네 사람들에게 전하려 했던 요점이었다. "여러분은 이런 생각을 버려야 합니다. 여러분이 일정한 양의 예배를 드리면 그에 상응하는 하나님의 호의를 얻을 수 있다고 여기는 사고방식을 포기해야 합니다." 하나님을 상업적인 방식으로 생각하는 것을 그만두어야 한다. 하나님께서는 어떤 것도 필요로 하지 않으신다. 그리고 나는 하나님께 드릴 것이 아무것도 없다. 어떤 형태의 거래도 상상할 수 없다. 나는 하나님께 빚진 자일 뿐, 하나님은 결코 나에게 빚진 분이 될 수 없다.

이제 하나님의 자기충족성이 선교에 어떤 의미를 가지는지 살펴보자. 이 주제를 다루기 위해 A. W. 토저 ^{A. W. Tozer} 의 글을 인용하려고 한다. 토저는 나를 포함한 많은 이들이 동의하는 20세기의 선지자 같은 인물이다. 그의 말을 들어보자.

> 우리는 흔히 하나님을, 평화를 가져오고 세상을 구원하려는 자비로운 계획을 수행하기 위해 도움을 구하며 분주하게 돌아다니는, 다소 초조하고 다급한 아버지로 묘사한다… 선교를 위한 많은 호소들은 마치 전능하신 하나님께서 좌절하신 것처럼 여기는 잘못된 생각에 근거한다. 유능한 설교자는 청중의 마음속에 이방인들과 사람들을 구원하려 애써왔지만 지원이 부족해서 실패하고 말았다는 하나님에 대한 동정심

> 까지 불러일으킬 수 있다. 나는 수많은 젊은이들이 하나님의 사랑이 그분을 곤란한 상황에 빠뜨렸지만 그분의 제한된 능력으로 해결할 수 없는 이 난처한 상황에서 하나님을 구해내겠다는 동기로 사역에 뛰어들고 있는 것 같아 염려스럽다. 여기에 약간의 칭찬할만한 이상주의와 소외된 이들에 대한 상당한 연민을 더하면, 오늘날의 많은 기독교 사역의 실제 동기를 설명할 수 있다.

놀라운 그의 말을 좀 더 살펴보자.

토저의 말이 놀라운 이유는 첫째, 그의 위치 때문이다. 그의 말은 세상이 지옥으로 치닫는 것을 그냥 앉아서 바라보며 만족해하는 사람의 말이 아니다. 결코 그렇지 않다. 토저는 복음 확장을 위한 잡지인 Alliance Witness의 편집자였다. 기독교 선교 동맹 Christian and Missionary Alliance 의 수많은 선교사들은 그의 글을 통해 양식을 공급받고 영감을 얻곤 했다. 토저는 진정한 선교사였다.

그러나 토저의 선교에 대한 열정은 그를 눈멀게 하지 않았다. 그는 우리가 일반적으로 깨닫는 것보다 훨씬 더 많은 것이 설교에 담겨있음을 보았다. 하나님의 이름, 하나님의 영광, 하나님의 성품이 설교에 있다고 생각했다. 우리는 감히 하나님을 왜곡된 상태로 나타내어서는 안 된다. 만약 우리가 이러한 것들을 무시한다면, 그것은 곧 하나님 자신을 무시하는 것이 된다. 그렇다면 우리가 하나님의 종이라고 스스로 부를 자격이 있는가?

　토저의 비판을 좀 더 자세히 살펴보자. 주목해야 할 것은 우리의 하나님에 대한 관점과 선교적 태도 사이의 연결, 즉 그 분리할 수 없는 연관성이다. 하나님은 좌절하신 걸까? 하나님의 손은 묶여 있는가? 하나님은 자신의 계획을 이루기 위해 무언가를 필요로 하시는가?

　토저의 요점은 명확하다. 이 질문들에 대한 우리의 대답으로 우리가 어떤 선교사가 되는지 결정된다. 지금까지 우리는 너무나도 부주의한 대답을 해왔다. 이는 사역에 대한 과도한 열정에만 휩쓸렸기 때문이다. 결국 우리의 열정은 하나님의 성품을 왜곡하는 지경에 이르렀다!

　여기에는 동기와 메시지를 동시에 훼손하는 이중의 비극이 발생한다. 만일 우리의 동기가 하나님에 대한 연민이라면, 그것은 잘못된 동기이다. 연민이 필요한 쪽은 바로 우리 자신이기 때문이다. 하나님에 대한 결핍된 관점보다 비극적인 것은 없다. 그리스도인은 보이는 것으로 살지 않는다. 믿음으로 산다. 그리고 믿음은 우리의 연민을 필요로 하는 하나님에게 결코 자라날 수 없다. 오히려 그 반대이다! 아무리 애를 써도, 우리는 우리의 동정심을 필요로 하는 신은 전적으로 신뢰할 수 없다.

그렇다면 우리의 메시지는 어떤가? 그것 또한 잘못될 수밖에 없다. 실제로는 그렇게 믿지 않으면서도, 더 위대한 하나님을 설교할 수 있다. 즉, 옳은 말을 기계적으로 되풀이할 수 있다. 유려한 말만으로 진리를 타인에게 전달하기란 매우 어렵다. 우리의 행동으로 보여주는 말과 영향력이 너무 크기 때문에, 그저 입에서 나오는 말은 사람들에게 닿지 못한다. 하나님에 대한 생각이 온전하게 고귀하지 않을 경우, 상황이 어떻게 흘러갈지를 생각해보면 다음과 같다.

1. 우리는 성경의 하나님에 대해 설교하고 올바른 말을 사용한다.
2. 사람들은 우리의 말을 들을 것이다.
3. 그러나 그들은 또한 우리의 믿음 없음을 볼 것이다.
4. 그들은 다음 중 하나의 반응을 보일 것이다.
5. a. 우리의 메시지를 받아들이되, 우리와 같은 방식으로 하나님의 위대함에 대해 의문을 품거나,
6. b. 우리를 위선자로 여기고, 우리가 하는 말을 거부할 것이다.

그들이 우리의 메시지를 받아들인다면, 기뻐할 수도 있겠지만, 우리는 또 다른 세대, 또 다른 문화에게 처음부터

하나님에 대해 합당하지 않은 생각을 배우도록 가르쳤다는 사실을 깨닫고 슬퍼해야 한다.

 심지어 '올바른 말'조차도 기대하기 어려운 경우가 많다. 우리는 하나님에 대해 올바른 말을 고수하는 것이 얼마나 어려운지를 경험한다. 왜 그럴까? 우리의 생각이 말을 좌우하고 마음은 보통 그렇게 작동한다. 나는 미국의 대도시에 살고 있다. 요즘은 집을 나서지 않고 라디오만 켜도 말의 상태를 시험해 볼 수 있다.

 도시 안팎의 기독교 방송국들은 밤낮으로 하나님에 대한 말을 방송한다. 그러나 그 말들 가운데는 셀 수 없을 만큼 자주 하나님께 걸맞지 않은 말들이 포함되어 있다. 내가 여기서 말하는 것은 주위에 많은 거짓 선지자라 불릴 만한 이들에 대한 것이 아니다. 기독교계에서 매우 존경받는 이들의 말에 대한 것이다.

 예를 하나 들겠다. 어제 나는 한 유명 설교자의 라디오 방송을 들었다. 그는 좋은 사람이었고, 기독교계의 명망 있는 인물이다. 그는 믿음을 '비논리적인 과정 *an illogical process*'이라고 불렀다. 그냥 지나가는 말이 아니라, 믿음의 정의를 설명하며 반복적으로 사용했다. 물론 그가 말하고자 했던 의미는 파악할 수 있다. 아마도 그리스도를 믿는 믿음이 자연인에게는 논리적으로 받아들여지지 않는다는 뜻일 것이다.

물론, 그 부분의 그의 말은 옳다. 자연인에게 믿음은 어리석은 것이다. 왜냐하면 그의 마음은 어둡고, 이성은 왜곡되어 있기 때문이다. 나는 그가 앞의 뜻으로 그런 말을 했을 것이라 생각한다. 적어도 그렇게 믿고 싶다. 그러나 구원받지 않은 사람이 그것을 이해할 수 있는 가능성은 얼마나 될까? 혹은 갓 믿음을 가진 초신자는? 그 가능성은 매우 적다.

믿음을 '비논리적인 과정'이라고 정의하면 어떤 의미가 내포되는가? 그것은 믿음이 이성에 반대된다는 뜻이 된다. 그러나 믿음을 요구하신 분은 바로 하나님이시다. 그렇다면 하나님은 이성에 반대되시는 분인가? 그분은 성경 전체에서 우리의 이성에 대해 말씀하신다.

"오라, 우리가 서로 변론하자…" 사 1:18

이 문제를 좀 더 세밀하게 살펴보자. 만약 하나님께서 우리에게 변론하라고 요청하신다면, 어떻게 해야 하는가? 순종해야 할까? 그것이야말로 논리적인 일이다. 그럼 논리적이지 않은 상황은 어떨까? 똑 같은 질문 앞에 무엇을 해야 할지 알 수 없게 된다. 그러면 우리는 "아니요!"라고 말할 수도 있다. 그때는 "이것은 하나님께서 말씀하신 것이다"라고 상기시켜 주는 것도 소용이 없다. 이미 논리적 사고를 포기하고 하나님을 대할 수도 있기 때문이다. 그리고 만약 믿음이 '비논리적인 과정'이라는 가정이 진실이라면, 우리는 논리적 사고를 자연스럽게 포기하게 될 것이다.

이것이 말도 안 되는 소리처럼 들린다면사실 그것은 최악의 말도 안 되는 소리다. 그것이 하나님에 대해 무엇을 말하는지를 보라. 이런 관점에서는, 하나님이 무의미한 것을 명령하신다는 뜻이 된다. 상상해 보기를 바란다. 무의미한 것을 명령하는 신이 어떤 존재일지를 말이다. 하나님은 그렇지 않으시다. 성경의 하나님은 우리가 이해할 수 없는 일을 하라고 요구하실 수도 있지만 그것은 그분의 요구가 비논리적이어서가 아니라, 우리의 작은 지성으로는 그분의 이유를 이해할 수 없기 때문이다. 그리고 이해할 수 없다는 것은 하나님께서 가장 잘 아시기 때문이지, 하나님께서 논리와 이해에는 전혀 관심이 없으시기 때문이 아니다. 또 하나님 자신이 혼란스러운 분이라서도 아니다.

나는 어떤 그리스도인도 하나님이 혼란스러운 분이라고 말하지는 않을 것이라는 사실을 알고 있다. 그런 생각은 신성모독이다. 그럼에도 앞의 불분명한 말 때문에 하나님에 대한 모호한 관념이 마음속에 자리 잡게 될 위험이 있다. 그리고 그 모호한 관념은 결코 고귀한 생각이 아닐 것이다. 모호한 관념이 또 다른 잘못된 하나님에 대한 생각들과 결합된다면, 그 결과는 참담할 것이다. 참된 믿음은 그분 그대로의 하나님을 통해서만 자라난다. 견고한 믿음 역시 하나님에 대한 합당한 생각을 할 때 가질 수 있게 된다.

앞서 내가 말한 예는 설교자의 생각이 그가 사용한 말보다 더 옳았던 경우이지만, 더 심각한 일은, 말과 생각이 모두 타락할 때 일어난다. 우리는 토저의 말에서 이런 상황을 볼 수 있다. 토저는 많은 현대 설교가 하나님을 좌절하신 분처럼 보이게 만든다고 말한다. 이것은 선교적 호소에서 특히 나타난다. 사람들은 하나님이 우리의 도움이 필요하다고 오해한다. 우리는 하나님께서 은혜로 우리에게 위대한 선교 사역에 동참할 기회를 주신다는 말을 듣지 못한다. 상황은 그보다 훨씬 더 심각해졌다. 사실, 상황은 이제 통제 불능 상태가 되었다. 하나님께서 그런 제안을 하셨던 때가 있었을지도 모르지만, 그때는 이미 오래전에 지나갔다. 이제 상황은 절망적이다. 하나님을 이유로 해야 했던 많은 일들이 이루어지지 않았다. 그래서 잃어버린 시간을 만회하려고 하나님은 분주히 움직이고 계신다. 그분의 사랑이 그분을 궁지에 몰아넣었고, 이제 그분은 우리가 그곳에서 벗어나게 해주는 것을 필요로 하신다.

이런 사고방식을 어떻게 바로잡을 수 있을까? 우리는

하나님의 말씀으로 바로잡아야 한다. 앞에서 설명된 하나님은 우스꽝스러운 존재로 그려진다. 그것이 잘못되었기 때문에 우스꽝스러운 것이다. 하나님에 관한 진리가 분명히 존재한다. 그 진리는 하나님의 말씀, 즉 성경에 있다. 우리는 하나님이 어떤 분이신지를 상상해서는 안 된다. 하나님의 필요에 대해 추측해서도 안 된다. 우리의 상상, 추측, 가정들이 우리를 속인다. 우리에게 필요한 것은 사실이다. 그리고 이 사실은, 하나님은 스스로 충족하시는 분이라는 것이다. 하나님은 결코 좌절하지 않으신다. 하나님은 우리와 같지 않으시다. 때때로 우리는 평온할 때도 있지만, 그 평온함은 타락한 인간에게 자연스러운 것이 아니다. 우리는 어떤 형태로든 곧 닥쳐올 좌절감을 알고 있다. 우리는 하나님이 아니기에 스스로 충족할 수 없다.

그러나 우리가 하나님은 아니지만, 우리는 하나님을 알 수 있다. 성경의 하나님을 안다면, 우리는 진정으로 알 만한 가치가 있는 하나님을 아는 것이다. 우리가 낮아질 때 하나님은 높임을 받으신다. 그리고 하나님께서 우리를 도우신다면, 하나님의 자기충족성을 기쁨으로 배우게 될 것이다. 하나님께서 우리를 무감각한 상태에서 깨우신다면, 우리는 다음과 같은 말씀을 기쁨으로 들을 수 있을 것이다.

또 무엇이 부족한 것처럼 사람의 손으로 섬김을 받으시는 것

이 아니니 이는 만민에게 생명과 호흡과 만물을 친히 주시는 이심이라 행 17:25

내가 땅의 기초를 놓을 때에 네가 어디 있었느냐 네가 깨달아 알았거든 말할지니라 욥 38:4

내가 가령 주려도 네게 이르지 아니할 것은 세계와 거기에 충만한 것이 내 것임이로다 시 50:12

내 교회를 세우리니 마 16:18

참으로 알려지시고 선포되어야 할 하나님이 존재하신다!

4장
하나님의 주권적 능력

앞에서 얘기했던 윌리엄 캐리의 이야기를 기억하고 있는가? 캐리가 인도 원주민에게 말한 내용을 요약해서 설명했었다. 인도에 복음이 전해지지 않았던 이유를 묻는 원주민에게 캐리는 이렇게 설명했다.

1. 그것은 하나님께서 기뻐하신 일이었다.
2. 하나님은 그분의 이유를 가지고 계신다.

브라만이 이 말을 어떻게 받아들였는지는 알 수 없다. 아마도 비웃었을 것이다. 하지만 그것이 캐리의 대답이었다. 그 대답이 옳든 틀렸든 간에 말이다. 그리고 나는 그 대답이 옳은 대답이라고 생각한다. 왜냐하면 성경적이기 때문이다.

캐리의 대답은 하나님에 대해 두 가지를 내포하고 있음을 알 수 있다.

1. 그것은 하나님이 기뻐하신 일이었다 → 하나님은 주권자이시다.

2. 하나님은 그분의 이유를 가지신다 → 하나님은 지혜로우시다.

나는 이미 하나님의 주권에 대해 몇 가지를 언급했다. 이번 장에서는 훨씬 더 많이 다룰 것이다.

하나님의 능력의 주권

먼저 하나님의 주권에 대해 두 가지 방향에서 살펴보고자 한다. 하나는 '하나님의 능력의 주권', 다른 하나는 '하나님의 은혜의 주권'이라고 부르려고 한다. 하지만 먼저 이 구분들에 대해 잠시 언급하고 시작하겠다.

조금만 생각해 보면 알 수 있듯이, 하나님의 인격을 이처럼 깔끔하게 나눌 수는 없다. 사실 사람에 대해서도 그렇게 할 수 없다. 한 사람의 성품을 깔끔하게 구분할 수 없다. 우리는 어떤 사람의 사랑과 미움, 시기와 욕망, 지혜와 권능에 대해 말할 수 있지만, 결국에 남는 것은 여러 각도에서 바라본 한 명의 동일한 사람일 뿐이다.

하나님께는 더욱더 그러하다. 하나님 안에는 내적인 모순이 전혀 없다. 하나님은 하나의 조화로운 전체이시다. 하나님의 주권, 하나님의 공의, 하나님의 지혜는 결국 하나님 자신의 서로 다른 측면을 바라본 것일 뿐이다. 그렇기에 하나님의 속성을 정해진 개수로 규정할 수 없다. 하나님을 어떻게 바라보느냐에 따라 다르게 보일 수 있다. 우리는 하나님의 주권을 두 가지로, 여섯 가지로, 또는 열 가지 방식으로 생각할 수도 있다. 하지만 여기서는 두 가지로만 나누겠다. 우리가 원하는 것은 하나님을 아는 것이며, 이를 통해 그분을 경배하는 것이다. 이러한 구분들은 그 목표에 도달하기 위한 방법일 뿐이다.

윌리엄 캐리가 브라만과 이야기 했을 때, 그는 하나님의 능력의 주권에 대해 말하고 있었다. 복음을 전할지 결정하시는 것은 하나님의 손에 달려 있고, 하나님은 그분이 기뻐하시는 대로 행하셨다. 하나님은 그분의 능력을 행사하셨고, 처음에는 복음을 보류하셨다가, 나중에는 주셨다.

하나님의 주권이란, 하나님께서 그분의 기쁘신 뜻대로 행하신다는 것을 의미한다. 하나님께는 얼마나 큰 자유가 있는가! 하나님은 우리와 같지 않으시다. 우리는 가장 나쁜 순간에도 내 뜻대로 하기를 바라지만, 결코 그렇게 할 수 없다. 자유를 주장할 권리도, 능력도 없다. 그러나 하나님은 다르시다! 하나님께서는 그분의 권능을 행사하실 때마다 항상 정당한 권리를 가지고 그렇게 하셨다. 하나님 안에서는 기쁨 pleasure, 능력 power, 그리고 권리 right가 완벽하게 조화를 이룬다. 하나님은 그분의 기쁘신 뜻대로 행하실 권위와 능력을 가지신 분이시다.

하나님께서 기뻐하시는 일 중 하나는 명령을 내리시는 것이다. 하나님은 사람을 지으시고, 그들에게 무엇을 해야 하는지 알려주신다. 하나님은 아담을 지으셨다. 그리고 아담에게 동산을 돌보며 나무들을 잘 돌보라고 말씀하셨다. 마지막으로 하나님은 아담에게 동산의 모든 나무 열매를 먹되, 한 나무의 열매만은 먹지 말라고 명령하셨다. 하나님의 명령은 긍정적 "이것을 하라!"이기도 하고 부정적 "저것을 하지 말라!"이기도 했다. 하나님께서는 피조물에게 명령하시기를 기뻐하셨고, 아담은 하나님께 순종하기를 기뻐했다. 하나님은 왕이셨고, 아담은 하나님의 종이었다.

여기까지는 하나님의 통치권을 쉽게 추적할 수 있다. 아담은 하나님께서 말씀하신 대로 행했고, 기쁨으로 그 일을 했다. 모든 그리스도인들은 여기서 하나님의 주권이 작동하는 모습을 발견할 수 있을 것이다. 그러나 그 후 어떤 일이 일어났다. 사람이 범죄했다. "사람이 범죄했다"라는 이 짧은 두 단어로 그 사건을 설명할 수는 있지만, 그 사건의 무게와 의미를 이 두 단어만으로 다 표현할 수 없다는 데 모든 그리스도인들은 동의한다. 엄청난 변화들이 일어났다. 이 변화들을 길게 나열할 수도 있겠지만, 한 가지만을 언급하려 한다.

아담은 하나님의 주권에 정면으로 도전했다. 사실상 아담은 이렇게 말한 셈이다. "지금까지는 당신이 왕이었지만, 이제는 내가 왕이 될 것입니다. 이제 나는 나의 목적을 추구할 것입니다. 하나님의 통치는 이제 끝났습니다." 타락한 인간은 하나님께 대항하고 범죄함으로 하나님과 경쟁하는 자리에 자신을 세운다. 이것이 바로 죄의 본질이다. 죄는 하나님을 왕좌에서 끌어내리려 한다. 죄는 하나님의 왕관을 빼앗으려 한다. 죄는 이렇게 외친다. "하나님의 주권은 이제 물러가라!"

그러나 우리는 서둘러 결론에 이르지 않아야 한다. 잠시 멈추어야 한다. 중요한 질문이 있다. 죄가 성공했는가? 죄가 하나님의 목적을 좌절시켰는가? 이 질문에 대한 대답은 놀랍다. 우리가 예상할 수 있는 대답이 아니다. 대답은 이렇다. 죄인 아담은 의인 아담만큼이나 하나님의 목적을 이루는 데 기여했다는 것이다. 물론 아담은 그런 일을 하려고 했던 것이 아니었지만, 결과적으로는 그렇게 되었다.

주의할 점이 있다. 나는 "아담이 의인일 때와 같은 방식으로 하나님의 목적을 이루었다"라고 말하지 않았다. 전혀 그렇지 않다! 의인 아담은 하나님의 기쁘심을 구하며 주님의 뜻을 섬기기 위해 살았다. 그러나 죄인 아담은 그 반대였다. 그의 길은 완전히 달랐다. 이 새로운 길은 이전의 길과는 정반대의 길이었다. 종종 '180도 전환'이라고 불리는 것이다. 누구도 아담의 새로운 의도를 그의 옛 의도와 혼동할 수 없을 것이다.

그러나 아담의 의도가 전체 이야기를 지배하지 않는다. 아담이 의도했던 것과 실제로 이루어진 것은 같지 않다. 다른 방법이었다. 그러나, 같은 정도로 아담은 하나님의 목적을 이루는 데 기여했다. 아담의 행동은 죄였으며, 그는 하나님을 기쁘시게 하려고 하지 않았다. 그의 동기는 잘못되었고, 하나님은 그를 심판하셨다. 그러나 하나님은 그 죄악마저도 자신의 영광을 드러내는 데 사용하기로 하셨다.

이 점을 더 잘 이해하기 위해 창세기 뒷부분에 나오는 요셉의 형제들의 이야기도 함께 살펴보자. 요셉의 형제들은 그를 미워했고 요셉은 눈에 띄는 청년이 되었다. 형제들은 요셉을 처리할 기회를 기다리고 있었고, 시간은 형제들의 편이었다. 그리고 그 기회가 오면 그들은 기꺼이 그렇게 할 것이었다.

실제로, 그들의 행동은 이야기의 시작에 불과했다. 이후 기근이 가나안 땅에 닥쳤을 때, 형제들은 양식을 사기 위해 어쩔 수 없이 애굽으로 내려가야 했다. 그곳에서 그들은 누구를 발견했는가? 요셉을 발견했다. 요셉은 더 이상 노예가 아니라, 사실상 애굽의 통치자였으며, 그들은 요셉의 자비에 맡겨질 수밖에 없는 처지였다.

이 이야기의 결말이 선하게 끝날 수 있었던 것은, 오직 요셉이 하나님의 섭리를 이해했기 때문이다. 요셉은 자신의 인생에서 일어난 일들을 단순히 형제들의 미움으로만 보지 않았다. 나중에 형제들이 용서를 구하며 애원할 때, 요셉은 이렇게 말한다.

> 요셉이 그들이 그에게 하는 말을 들을 때에 울었더라 그의 형들이 또 친히 와서 요셉의 앞에 엎드려 이르되 우리는 당신의 종들이니이다 요셉이 그들에게 이르되 두려워하지 마소서 내가 하나님을 대신하리이까 당신들은 나를 해하려 하였으나 하나님은 그것을 선으로 바꾸사 오늘과 같이 많은 백성의 생명을 구원하게 하시려 하셨나니 창 50:17-20

요셉의 말에서 무엇을 발견했는가. 그는 두 개의 의도를 분명히 구분하여 말했다. 요셉의 형제들은 하나의 의도만을 보았다. 그들은 요셉을 없애버리려 했다. 물론, 그것은 그들의 죄였으며, 그 죄에 대해 반드시 책임을 져야 했다. 그러나 요셉은 더 많은 것을 보았다. 그는 하나님의 목적을 보았다. 이스라엘은 반드시 애굽으로 내려가야 했으며, 하나님은 그 길을 준비하시기 위해 요셉을 앞서 보내셨다. 형제들이 요셉을 팔 때, 그들은 하나님의 목적에 대해 아무런 관심도 없었지만, 그럼에도 하나님의 뜻을 이루어낸 것이다. 죄는 그들의 것이었지만, 그 일은 하나님의 것이었다. 이 모든 일에서, 그리고 모든 다른 일에서도, 하나님은 여전히 왕이셨고, 그들은 자신도 모르게 하나님의 종들이었다. 하나님의 주권은 인간의 죄악된 의도 앞에서도 굳게 서 있었다. 그들은 아담처럼 하나님을 대적했지만, 아담처럼 하나님의 뜻을 성취했다!

이와 같은 사건의 결정적인 예는 그리스도의 죽음에서 찾을 수 있다. 누군가 "이 땅에서 일어난 가장 악한 범죄는 무엇인가?"라는 질문을 한다면, 어떤 대답을 할 수 있겠는가? 틀림없이 그것은 예수 그리스도의 십자가 처형일 것이다!

또 다른 질문을 해보자. "가장 큰 축복의 근원은 무엇인가?" 그 대답 또한 같다. 다른 답은 있을 수 없다. 그것은 예수 그리스도의 십자가 처형이다! 이 사건은 인간이 저지를 수 있는 가장 악한 행위였다. 그 악함을 있는 그대로 보라! 그 어떤 악함도 빼지 말라! 아담이 상상조차 하지 못한 더 극악한 죄였다! 그 어떤 무엇보다도 훨씬 더 큰 죄였다!

그러나 당신이 아무리 그 악함을 비난하고, 그 살인자들의 마음에 있는 타락을 규탄할지라도, 이 사실을 기억하라. 예수님의 죽음은 하나님의 뜻이었다. "여호와께서 그에게 상함을 받게 하시기를 원하사"사 53:10. 하나님은 빈 무덤 앞에서뿐만 아니라 십자가 앞에서도 주님이셨다. 언제나… 하나님은 왕이시다!

하나님의 은혜의 주권

지금까지 하나님의 능력의 주권에 대해 이야기해 왔다. 하나님은 자신의 뜻대로 행하실 자유를 가지셨고, 그 뜻이 이루어진다. 죄는 하나님의 왕권을 빼앗을 수 없다. 죄는 그렇게 하려 하지만 그 목적을 이루지 못한다. 죄는 사람에게 죄책을 가져오지만, 그에게 주권의 한 조각도 주지 못한다. 사람들이 하나님을 대적한다고 상상할 때조차도 하나님은 통치하신다. 시편 기자는 이 진리를 알고 있었다. 그의 말을 들어보라.

> 세상의 군왕들이 나서며 관원들이 서로 꾀하여 여호와와 그의 기름 부음 받은 자를 대적하며 시 2:2

이에 대해 하나님은 어떻게 반응하시는가?

> 하늘에 계신 이가 웃으심이여 주께서 그들을 비웃으시리로다 시 2:4

하늘은 교만한 자들의 거만함을 비웃으신다. 그들이 무엇을 하든 하나님은 하나님이시다. 그들이 잊혀지고 난 후에도 하나님은 하나님이시다.

계속해서 이제 하나님의 은혜의 주권을 이야기하려고 한다. 이런 의미이다. 즉, 하나님은 구원과 관련된 은혜를 자신의 뜻대로 베푸신다는 것이다. 하나님은 어떤 때에도, 누구에게도 왕권을 넘겨주지 않으신다. 하나님은 은혜를 베푸실 때조차 왕이시다. 이것이 하나님의 말씀이다.

> 내가 긍휼히 여길 자를 긍휼히 여기고 불쌍히 여길 자를 불쌍히 여기리라 하셨으니 롬 9:15

그렇다면 우리는 어떤 결론을 내려야 하겠는가? 바울은 우리를 위해 그 결론을 내려준다

> 그런즉 원하는 자로 말미암음도 아니요 달음박질하는 자로 말미암음도 아니요 오직 긍휼히 여기시는 하나님으로 말미

암음이니라 **롬 9:16**

　　인간의 의지와 인간의 행위는 구원을 가져오지 못한다. 구원은 전적으로 하나님께 속한 것이다.

　　이 말은 가끔 받아들이기 어려운 말처럼 느껴진다. 사실 나 자신도 한때 그렇게 생각했다. 적어도 이 문제에 있어서는 하나님이 하나님이 되시는 것을 원하지 않았다. 그러나 나는 매우 어리석었고, 이제는 깨닫는다. 만일 내 뜻대로 되었더라면, 아무도 구원받지 못했을 것이다. 물론 그것이 나의 의도는 아니었다. 나는 사람들이 자기 뜻대로 하도록 허용되면, 많은 이들이 그리스도께 돌아올 것이라고 생각했었다. 그러나 이제는 그렇게 생각하지 않는다. 나는 성경 앞에 무릎을 꿇었다. 성경은 말한다,

		깨닫는 자도 없고 하나님을 찾는 자도 없고 … 선을 행하는 자는 없나니 하나도 없도다 **롬 3:11-12**

　　이런 사람들^{그리고 하나님의 일하심 없이 존재할 수 있는 다른 종류의 사람은 없다}은 결코 회개와 믿음으로 하나님께 돌아오지 않을 것이다. 그들의 의지는 하나님을 거스르고 있다. 하나님께서 그들을 자신들로부터 구출해 주셔야 한다. 그들의 성향을 바꾸셔야 한다. 그렇지 않으면 그들은 영원히 하나님에게서 버

려질 것이다.

하나님의 능력과 선교

이제 이러한 진리를 선교에 적용해 보자. 우리는 하나님의 능력과 은혜 안에서의 주권에 대해 살펴보았다. 이 위대한 진리들이 우리에게 어떤 영향을 줄까? 또 선교사에게는 어떻게 적용될까?

무엇보다도, 여기에 선교사가 설 수 있는 토대가 있다. 데이비드 리빙스턴은 이렇게 말했다. "우리는 하나님께서 우리를 사용하시기를 마치실 때까지는 죽지 않는다." 그가 어떻게 이런 말을 정당하게 할 수 있었을까? 단순한 허세였을까? 어둠 속에서 부르는 휘파람 같은 말장난이었을까? 우리는 어떻게 이런 말을 확신할 수 있을까?

그 해답은 하나님의 능력의 주권에 있다. 우리는 이것을 하나님의 계시의 밝은 빛 아래에서 부르는 휘파람이라고 말할 수도 있다. 이 주제에 대해 주 예수 그리스도의 말씀을 들어 보라.

참새 두 마리가 한 앗사리온에 팔리지 않느냐 그러나 너희 아버지께서 허락하지 아니하시면 그 하나도 땅에 떨어지지 아니하리라 두려워하지 말라 너희는 많은 참새보다 귀하니

라. 마 10:29, 31

예수님은 참새를 비유로 말씀하신다. 그 뜻이 무엇인지 살펴보자.

참새가 '너희 아버지 없이' 떨어지지 않는다고 말씀하실 때, 질문을 던지고 싶어진다. '너희 아버지의 무엇 없이?'라는 질문이다. 이것이 이 구절의 핵심이다. 나는 이 질문에 대해 꽤나 많은 어리석은 말들이 있어 왔다고 생각한다. 예수님께서 참새가 죽을 때 하나님이 그들을 불쌍히 여기신다는 의미로 말씀하셨다고 주장하는 사람들도 있다. 그러나 이것은 전혀 예수님의 요점이 아니다. 나는 누군가 이와 관련해 하나님께서 눈물을 흘리신다는 이야기를 하는 것을 들은 적이 있다. 아마 여러분도 그런 말을 들어본 적이 있을 것이다.

나는 하나님께서 자신의 창조물을 동정하신다는 사실을 부정하고 싶지 않다. 그러나 여기서 그 점이 핵심은 아니다. 우리는 '두려워하지 말라'는 말씀을 들었지만, 단지 동정만으로는 우리의 두려움을 제거할 수 없다. 주님의 말씀의 요점은 다른 데 있다. 주님은 무력한 동정심만으로는 그분의 백성을 세상에 보내실 때 필요한 조건을 충족시킬 수 없다는 사실을 잘 알고 계신다. 선교사는 하나님의 동정과 호의, 타락하지 않은 천사들의 호의, 그리고 다른 믿는 이들의 호의를 누린다. 그는 그것을 소중히 여기며 가볍게 여기지 않는다. 그러나 그는 단순한 동정 이상의 것이 필요하다.

예수님은 우리에게 이렇게 말씀하신다. 참새는 주님의 뜻이 아니면 결코 죽지 않는다. 주님의 뜻이 참새의 생명을 붙들고 계신다. 주님께서 참새의 생명을 의도하시며, 또한 그 죽음도 의도하신다. 핵심은 이것이다. 참새의 생명의 길이는 하나님의 뜻과 권능에 의해 결정된다. 그러나 그리스도인인 너희에게 나는 이렇게 말할 수 있다. 이 하나님은 너희의 아버지이시다. 이 사실을 반드시 붙잡아야 한다. 참새에게 하나님은 창조주이시지만, 너희에게 하나님은 창조주 이상의 존재이시다. 하나님은 너희의 아버지가 되신다.

하나님은 모든 믿는 자의 아버지가 되신다. 가장 힘든 자리에 있는 이들에게도, 가장 편안한 자리에 있는 이들에게도 똑같이 아버지가 되신다. '아버지'라는 단어가 떠올릴 수 있는 가장 풍성한 복들이 예수 그리스도를 따르는 모든 자들에게 부어지며, 이는 그가 서울에 있든, 뉴욕에 있든, 런던에 있든, 카이로에 있든 변함이 없다. 언제 어디서나 … 하나님은 자신의 자녀들을 위해 왕으로 다스리신다. 이것이 하나님의 능력의 주권이다.

그렇다면 하나님의 은혜의 주권에 대해서는 어떻게 말할 수 있을까? 내 생각에, 선교 사역에 이보다 더 큰 격려는 없을 것이다. 바울은 이렇게 말한다. "그리스도께서 경건하지 않은 자를 위하여 죽으셨도다"롬 5:6. 그렇다면 우리는 도덕적 성품도, 의지도 없는 사람들에게서 성공을 기대해야 하는가? 그렇게 한다면, 부러진 갈대에 의지하는 것처럼 헛된 일이 될 것이다.

그러나 하나님께 우리의 성공을 기대한다면? 하나님께서 그 마음과 계획 속에 "아무도 능히 셀 수 없는 큰 무리"를 두고 계신다면? 그렇다면 우리는 용기를 내야 한다. 하나님께서 무엇을 행하실지 아무도 모르기 때문이다. 선교사는 결코 혼자가 아니다. 그와 함께 계신 분은, 자신을 위한 백성을 얻기로 작정하신 하나님이시다. 그리고 하나님은 그 백성을 "각 나라와 족속과 백성과 방언"에서 데려오시기로 결심하셨다계 7:9. 여기에 선교사의 희망이 있다. 그 희망은 자기 자신에게 있는 것이 아니라, 하나님께 있다.

마지막으로, 그리스도인의 안전과 성공의 문제를 잠시 내려놓자. 그것들이 중요하지 않다는 말은 아니다! 그러나 우리는 안전과 성공보다 더 위대한 진리를 향해 나아가고 있으니까. 그 진리는 바로 하나님의 영광이다.

이 장에서 우리는 하나님의 주권의 위대함을 살펴보

았다. 주제를 충분히 다루지는 못했지만, 우리의 목적에는 충분하다. 우리의 목적은 하나님을 아는 것이다. 하나님의 주권에서, 하나님에 관한 모든 것 속에서, 우리는 다시 한번 중요한 교훈을 받았다. 왕이신 이 하나님은 그분의 존재 자체로서 알려지고 선포되기에 합당하신 분이시다.

이 하나님을 선포하는 선교사는 실패할 수 없다. 그의 메시지가 주권자이신 하나님을 찬양한다면, 그 메시지가 단 한 사람의 영혼도 구원하는 수단이 되지 않는다 해도, 여전히 의미 있는 것이다. 그 메시지는 결코 헛되이 사라지지 않는다. 결코 사라질 수 없다. 그것은 귀중한 것으로 남을 것이다. 사람들 앞에서, 천사들 앞에서, 심지어 지옥의 악한 영들 앞에서도 그 메시지는 하나님을 향한 찬양이 될 것이다!

> "우리는 구원 받는 자들에게나 망하는 자들에게나 하나님 앞에서 그리스도의 향기니." 고후 2:15

5장
온전히 지혜로우신 하나님

다음으로 우리는 하나님의 지혜와 지식이라는 주제를 다루려 한다. 이 두 주제는 밀접하게 연결되어 있으므로, 함께 다루려고 한다. 먼저, 하나님의 지식을 살펴보자. 내가 말하는 것은 우리가 하나님을 아는 지식이 아니라, 하나님께서 우리를 아시고, 모든 것을 아시는 지식을 의미한다.

하나님의 지식

하나님의 지식이라는 주제는 "하나님은 모든 것을 아신다!"라는 한 문장으로 요약할 수 있다. 내가 굳이 더 수식어를 붙일 필요가 없는 가장 정확한 문장으로, 이보다 더 나은 표현은 없다. "하나님은 모든 것을 아신다"는 진술은 간결하고 명확하다. 여기서 나의 목적은 매우 단순하다. 내가 하고자 하는 것은, 여러분에게 '하나님이 모든 것을 아신다'는 사실을 상기시켜 주는 것 외에도, 그분의 지식의 몇 가지 예를 제시하는 것이다. 왜냐하면 우리가 필요로 하는 것은 "모든 것"이 무엇을 포함하는지를 되새기는 일이기 때문이다. 이를 통해 우리의 시야가 더욱 넓어질 것이다.

먼저 물리적 세계를 생각해 보자. 하나님은 이 세계의 모든 것을 아신다. 이것이 무엇을 의미하는지 느끼고 싶다면, 이 세계를 구성하는 원자들을 생각해 보라. 하나님은 바로 지금, 그 원자들 각각의 위치를 모두 아신다. 그리고 그것이 다가 아니다. 하나님은 각 원자가 1초 전에는 어디에 있었는지, 2초 전에는 어디에 있었는지도 정확히 아신다. 무슨 뜻인지 이제 감이 올 것이다. 우리는 미래로도 그 생각을 확장해볼 수 있다. 이것이 바로 '하나님이 물리적 세계의 모든 것을 아신다'는 의미 속에 포함된 것이다.

같은 원리는 불경건한 사람들의 세계에도 동일하게 적용된다. 그 마음속에는 어떤 비밀들이 숨겨져 있을까? 어떤 목적들이 자리 잡고 있을까? 하나님은 그 모든 것을 완벽하게, 철저하게 아신다. 예를 들어, 가장 날카로운 인간의 지성으로도 결코 알아낼 수 없는, 정교하게 짜여진 범죄 계획을 꾸민 범죄자가 있다고 해 보자. 그러나 그 계획은 하나님의 마음 앞에 생생히 드러나 있다. 그리고 그 계획을 꾸민

자, 그의 존재의 모든 이면과 깊은 속마음도 하나님 앞에는 모두 벌거벗겨져 있다. 하나님으로부터 숨겨진 것은 없다.

또 한 번, 타락한 영들의 세계, 곧 사탄과 그의 무리들을 생각해 보자. 그들의 목적은 하나님의 눈에서 숨겨져 있는 것일까? 그들의 계획은 하나님의 시야에서 멀리 떨어진 어둠의 두터운 장막에 싸여 있는 것일까? 아니다! 하나님은 그 모든 것을 보신다. 지옥의 가장 어두운 계략도 하나님의 지식 앞에서는 한낮의 태양빛처럼 환하게 빛난다. 하나님은 그 모든 것을 아신다.

> "여호와의 눈은 어디서든지 악인과 선인을 감찰하시느니라" 잠언 15:3

다른 예는 필요없지만, 그러나 한 가지는 덧붙여야 한다. 하나님은 그의 백성을 아신다. 하나님은 우리에 대한 모든 것을, 가장 세밀한 부분까지도 아신다. 우리의 머리카락 하나하나까지도 세신다. 생각해 보라! 그 머리카락들뿐 아니라, 그 머리 전체, 그 속에 담긴 모든 갈망과 소망과 두려움과 근심까지도 모두 하나님의 시야 앞에 열려 있다. 성경은 하나님에 대해 이렇게 말씀한다.

"그의 지혜가 무궁하시도다" 시편 147:5

그분은 하나님이시며, 그분에게서 벗어날 수 있는 것은 없다. "하나님은 모든 것을 아신다"고 말할 때, 우리는 전부를 말한 것이다.

나는 이 생각을 할 때면 너무나 벅차게 느껴진다. 어쩌면 나이를 먹어간다는 것을 보여주는 것일지도 모르겠다. 젊은 시절에는 모든 것이 열심히 공부하면 손에 닿을 것만 같은 때이다. 하지만 나는 그 시절을 지나왔고, 이제는 "잘 모르겠다"라는 말을 더 자주한다. 그러나 동시에 "하나님은 아신다!"라는 말도 더 자주 하게 된다. 그것은 단순히 무심코 내뱉는 대화 속의 표현이 아니라, 내 마음속 깊은 확신에서 나오는 고백이다.

그러나 이제 이 생각을 우리 마음속에 자리 잡게 하자. 하나님은 모든 것을 아신다.

그리고 우리가 이 사실을 받아들여 우리의 침대 옆에, 식탁 위에 놓고, 그것과 함께 편안해지기 시작하며, 또 우리가 하나님에 대해 배운 모든 다른 진리들과 함께 이 진리를 더해 나갈 때, 반드시 우리에게 어떤 영향을 미치게 될 것이다. 나는 우리가 어떻게 고백할지 알고 있다.

"하나님은 그분의 존재 자체로 알려지고 선포될 가치가 있는 분이시다!"

그리고 그 말은 옳다.

하나님의 지혜

우리는 하나님의 지혜를 하나님의 지식의 한 부분으로 생각할 수도 있다. 하나님의 지혜는 하나님께서 아시는 어떤 것이다. 하나님은 그분의 지혜로 어떻게 자신의 목표를 선택할지 아신다. 그리고 하나님은 그 목표를 어떻게 이룰지도 아신다. 무엇을 하기로 하실지 선택하는 것과, 그것을 어떻게 이루실지 아는 것, 이것이 우리가 말하는 하나님의 지혜이다. 그리고 하나님은 지혜로 충만하신 분이시다. 하나님께는 많은 목적과 많은 목표가 있으며, 하나님은 그것들을 어떻게 성취하실지 완벽히 아신다.

그리스도인은 하나님의 지혜에 특별한 관심을 가져야 한다. 왜냐하면 그리스도인은 하나님의 지혜의 혜택을 받는 자이기 때문이다. 그것도 가끔이 아니라 항상 그렇다. 하지만 지금 내가 강조하고 싶은 것은 다른 측면이다. 그것은 세상이 하나님의 지혜에 특별한 관심을 두는 방식이다. 나는 세상이 하나님의 지혜라는 주제에 대해서만큼은 공공연하게 공격하는 경우가 많다고 생각한다. 사람들은 종종 하나님을 공격하면서도 거의 항상, 자신들조차 그 사실을 의식하지 못한 채, 그 공격을 감추려 한다. 모든 죄는 물론 하나님에 대한 공격이다. 하지만 사람들은 자신의 죄를 스스로 감춘다. 합리화하고, 핑계를 찾고, 덮어버린다. 그리고 말한다.

"우리가 어찌 하나님을 대적하려 하겠는가!"

하지만 지혜의 문제에서는 다르다.

그들의 말을 들어 보라.

"나는 왜 하나님이 이런 전쟁들이 계속되도록 허락하시는지 모르겠다."

"나는 왜 하나님이 비를 보내주시지 않는지 모르겠다."

"나는 왜 하나님이 우리에게 딸을 주지 않으셨는지 모르겠다."

"나는 왜 그런지 모르겠다. ... 그냥 모르겠다!"

그러나 오해하지 마라. 무지를 고백하는 것은 좋은 일이다. 나는 그것에 대해 이의를 제기할 생각이 없다. 하지만 당신도 잘 알다시피, 사람들이 이런 표현을 사용할 때는 자신이 얼마나 모르는지를 솔직히 드러내기 위해서가 아니라, 하나님께 불평하기 위해서이다.

"왜?"라는 말은 정보를 구할 때는 좋은 말, 적절한 말이다. 하지만 사람들은 다른 용도로도 사용해 왔다. 하나님의 지혜를 향한 불평으로 바꾸어 사용하는 법을 배웠다. 마치 이렇게 말하는 것과 같다.

"하나님이 일이 이렇게 나쁘게 될지 아셨다면, 이렇게 하지는 않으셨을 거야."

그들은 자유롭게 하나님의 지혜를 공격한다.

이와는 반대로, 그리스도인은 하나님의 지혜를 기뻐한다. 그리스도인도 다른 사람들처럼 마음의 고통을 겪는다. 세상 정세에 대한 의문으로 혼란스러울 때도 있다. 그는 하나님의 일상적인 섭리에 대한 특별한 정보를 가지고 있는 것이 아니다. 그러나 그리스도인에게는 더 나은 것이 있다. 그것은 바로 하나님의 지혜에 대한 믿음이다. 그리스도인은 하나님께서 무엇을 하고 계시는지 알고 계신다는 것을 안다.

물론 그리스도인이 하나님의 목적에 대해 완전히 무지하다고 말하는 것은 잘못이다. 성경을 통해 그는 세상 사람들이 모르는 지식을 받는다. 그러나 우리가 아는 것은 극히 일부에 불과하다.

오늘도 수만 가지 일들이 일어날 것이다. 나는 그 중

1%에 대해서조차 깊이 생각할 시간조차 없을 것이다. 그리고 내가 겨우 생각해볼 수 있는 일들조차도, 하나님의 목적에 정면으로 반대되는 것처럼 보일 때가 많다. 물론 실제로는 그렇지 않지만, 내게는 그렇게 보일 것이다. 이렇게 내 이해는 자주 실패할 것이다. 그럼에도 나는 하나님의 지혜 안에서 안식할 것이다. 적어도 그렇게 안식할 충분한 이유를 가질 것이다. 그리고 나는 윌리엄 캐리와 함께 이렇게 고백하는 법을 배울 것이다.

"하나님은 하나님의 이유를 가지고 계신다."

우리가 아무것도 모르는 상태가 아니라면, 하나님께서 무엇을 하고 계신다고 말할 수 있을까? 성경은 두 가지를 명확히 가르친다.

1. 하나님은 이 세상에서 역사하시며 자신의 영광을 구하신다.
2. 하나님은 이 세상에서 역사하시며 자기 백성의 유익을 구하신다.

그리고 한 가지 더 강조해야 한다. 하나님은 하고자 하시는 일을 반드시 이루신다. 우리는 시도하지만… 실패한다. 그러나 하나님은 성공하신다. 그것도 가끔이 아니라,

항상 그러하다.

먼저, 하나님은 자신의 영광을 구하신다. 우리는 기도를 시작할 때 이런 간구로 시작하라고 명령받았다.

"아버지의 이름이 거룩히 여김을 받으시오며" 마 6:9.

이것이 핵심이다. 기도의 첫머리에서 하나님은 우리로 그분 자신의 목적에 동참하도록 하신다. 하나님의 이름을 거룩히 한다는 것은 하나님을 높이고, 그분을 영화롭게 드러내는 것이다. 그것이 첫 번째이다. 그리고 하나님께서 첫 번째로 이 간구를 드리게 하신 것은, 그것이 바로 하나님의 첫 번째 목적이기 때문이다.

우리의 신앙의 진정성을 시험해 볼 수 있는 좋은 기준이 있다. 우리는 하나님의 영광을 무엇보다 먼저 구하고 있는가? 이것은 세상 사람들^{불신자}은 결코 할 수 없는 일이다. 그들은 찬송가를 부를 수 있다. 헌금을 할 수도 있다. 어쩌면 매우 드물게 자신의 몸을 불태울 정도로 헌신할 수도 있다. 그러나 순전히 하나님께 찬양과 영광을 돌리는 기쁨을 위해 이러한 일을 할 수는 없다.

그리고 또 한 가지가 있다. 하나님께서 하시는 모든 일에는 그분의 백성을 위한 선함이 포함되어 있다. 바울은 이렇게 말한다.

> "우리가 알거니와 하나님을 사랑하는 자 곧 그의 뜻대로 부르심을 입은 자들에게는 모든 것이 합력하여 선을 이루느니라" 롬 8:28

이 생각은 너무나 크고 놀라워서 다 받아들이기조차 힘들다. "모든 것이 하나님의 백성을 위한 선을 이루고 있다."

왜 그런가?

하나님이 그렇게 만드셨기 때문이다. 하나님은 자기 목적을 이루실 능력을 가지고 계신다. 그러나 여기에는 단순한 능력 이상의 것이 있다. 나는 두 가지 일을 동시에 할 수 없다. 능력만 부족한 것만이 아니라, 지혜가 부족하다. 그러나 하나님은 말 그대로 수십억 개의 일을 동시에 하고 계신다. 만약 지금 이 순간, 하나님께서 모든 생명 있는 존재마다 단 한 가지 일만 하고 계신다고 해도, 하나님은 수십억 개가 넘는 일을 하고 계신 것이다. 이러한 일을 계획하고, 관리해 나가실 수 있는 분은 오직 전지하신 하나님뿐이다. 참으로, 하나님은 그분의 존재 자체로 알려지고 선포되기에 합당하신 분이시다!

하나님의 지혜와 선교

이 모든 것을 선교에 적용해 보는 것은 참으로 벅찬 일이다! 선교 사역에 큰 의미가 있는 이유는 선교는 하나님의 지혜에서 비롯된 사역이기 때문이다. 모든 것을 아시는 하나님께서 우리를 그 사역으로 보내신다. 하나님은 세상에 자신을 알리기 위해 이 방법을 택하셨다. 하나님의 선택은 지혜로우셨다. 우리가 알 수 있는 것은 우리의 지성이 특별히 뛰어나서가 아니다. 오직 "홀로 하나이신 하나님께 존귀와 영광이 영원무궁하도록 있을지어다"^{딤전 1:17}라는 말씀 때문에 아는 것이다. 그 사실만으로도 이 문제는 충분히 해결된다.

그러나 어떤 사람들에게는 하나님의 지혜에 대한 확신이 온전히 자리 잡히지 않았을 수 있다. 내가 이제 전하려는 하나의 상상 속 이야기^{아마 여러분도 들어본 적이 있을 법한 이야기}가 그 뜻을 잘 보여줄 것이다.

이야기의 장면은 하늘이다. 전해지는 바에 따르면, 하나님께서 택하신 천사들을 부르셔서 곧 행하실 위대한 일을 들려주신다.

"내가 내 아들, 곧 나의 사랑하는 아들을 땅에 보낼 것이다."

천사들은 숨을 죽인다.

"그곳에서 그가 죽을 것이다."

이런 이야기는 하늘에서 한 번도 들어본 적이 없는 것이다. 입이 막힌 스랍이 조심스럽게 묻는다.

"왜입니까?"

"그가 죄인들을 대신하여 죽을 것이다. 그리하여 이 복음을 듣고 그를 믿는 자마다 죄 사함을 받게 될 것이다."

그러자 또 다른 천사가 소심하게 질문을 던진다.

"그런데 그들은 어떻게 이 소식을 듣게 됩니까?"

하나님께서 대답하신다.

"내 백성이 온 세상에 가서 그들에게 말할 것이다."

그러자 조금 더 대담해진 한 천사가 마음속의 의문을 묻는다.

"만약 그들이 실패한다면 어떻게 됩니까?"

잠시, 깊은 침묵이 흐른다. 그리고 하나님께서 말씀하신다.

"나는 다른 계획을 가지고 있지 않다."

이 이야기를 누가 지어냈는지 모른다. 그러나 그 의도를 짐작하기는 어렵지 않다. 그는 선교를 독려하고 싶고, 우리가 사명을 수행하는데 얼마나 많은 것이 달려 있는지를 강조하고 싶었을 것다. 그는 이렇게 말하고 싶었던 것이다.

"어서 나아가자. 주님의 명령에 순종하자!"

나는 그가 하나님의 지혜를 깎아내리려는 의도가 아니었음을 확신한다.

그러나 사실 그렇게 된 셈이다. 왜냐하면 그 이야기가 전해질 때마다, 사람들의 마음속에는 이런 인상이 자리 잡게 되기 때문이다.

"하나님은 스스로 선택하신 계획에 갇혀 계시고, 그 계획은 효과가 없다는 것이다!"

혹은 적어도 이렇게 생각하게 된다.

"그 계획은 지금까지 효과가 없었다."

주변을 둘러보면 하나님의 계획이 실패했다는 증거들이 널려 있는 것 같다. 이천 년이 지났지만 세상은 여전히 복음화되지 않았다. 그리고 사람들이 실패했다고 말하는 것으로는 충분치 않다. 하나님은 그들이 실패할 것을 아셨다. 그런데도 그 계획을 선택하셨다.

만약 어떤 사람이 예상되는 어려움을 무시한 채 그런 방식으로 사업을 운영했다면 곧 파산하고 말았을 것이다. 하나님은 실패할 수밖에 없는 계획에 갇혀 있는 셈이다. 마치 이렇게 말하는 하나님을 불쌍히 여겨야 할 것처럼 보인다.

"나는 다른 계획을 가지고 있지 않다."

그러나 하나님은 우리의 연민이 필요하지 않다. 오히

려 우리가 하나님의 긍휼을 필요로 한다.

하나님께서 "나는 다른 계획이 없다"고 말씀하신다는 것은 곧 "나는 다른 계획이 필요하지 않다"고 말씀하시는 것이다. 하나님께는 이 두 말이 같은 뜻이다.

우리는 시행착오를 겪을 수밖에 없지만, 하나님은 그렇지 않다.

하나님께서 왜 다른 계획을 가지셔야 하는가? 이 계획이야말로 천사들의 입을 다물게 만드는 계획이 아닌가? 앞에서 말한 상상 속 이야기에서뿐만 아니라, 성경에서도 분명히 말하고 있다.

바울은 에베소서에서 이렇게 말한다.

> "이는 이제 교회로 말미암아 하늘에 있는 통치자들과 권세들에게 하나님의 각종 지혜를 알게 하려 하심이니" 엡 3:10.

즉, 천사들(여기서는 '통치자들과 권세들'로 불린다)은 배워야 할 교훈이 있다. 그 교훈은 바로 하나님의 지혜이다. 그런데 그들은 어디에서 그것을 배울 수 있는가?

바로 곧 복음이 퍼져 나가며 형성된 그 몸인 교회를 살펴보며 배우는 것이다! 바로 그곳에서, 다른 어디도 아닌 바로 교회를 통해 그들은 하나님의 다채로운 지혜를 보게 된다.

그들은 그 지혜를 보게 될 것인가? 혹시 하나님의 언약궤 때문에 걱정하며 떨고 있는가? 염려하지 말라! 하나님께는 계획을 가지고 계신다.

하나님은 비용도 계산하지 않고 성을 쌓거나, 군대를 상대하기 위해 무턱대고 달려나가는 분이 아니다. 그런 어리석음은 사람들에게나 있는 것이다. 하나님의 계획은 그분의 목적을 이루기에 충분하다. 두려워하지 말라! 하나님은 그분의 지혜로 계획을 세우셨다!

이제 마지막으로 두 가지를 강조하며 글을 마무리하고자 한다.

첫째는 이것이다. 하나님은 당신과 함께 무엇을 하고 계신지 알고 계신다. 기독교 선교사는 어떤 거대한 비인격적인 프로그램 속에서 길을 잃어버린 존재가 아니며, 그를 보내신 분의 기억에서 사라진 존재도 아니다.

물론 하나님의 계획은 방대하다. 대륙을 넘어 시대를 아우른다. 그러나 그 계획은 아주 작은 세밀한 사항에도 미친다. 그리고 무엇보다 중요한 것은, 그 계획이 당신에게도 미친다는 점이다.

여기에 선교사의 위로가 있다. 그는 혼자가 아니다. 하나님의 주권은 지상명령 *The Great Commission*에서 매우 두드러지게 나타난다. 그 명령에서 주 예수님은 우주를 다스리시는 권세를 주장하신다. 그리고 왕 중의 왕으로서 그분의 명령을 내리신다. 주권과 지혜는 그분의 마지막 말에서도 함께 드러난다.

> "볼지어다 내가 세상 끝날까지 너희와 항상 함께 있으리라 하시니라" 마 28:20.

선교사는 주님의 임재 속에서 위로를 얻는다. 바로 그곳에서, 선교사는 자신의 사명에 대한 성공의 소망을 찾는다.

마지막으로 한 가지를 덧붙이려고 한다.

이 땅에서 복음을 전파하는 일보다 더 많은 지혜를 필요로 하는 사역은 없다.

그러나 하나님은 무한히 지혜로우신 분이시며, 그러므로 그 일을 감당하는 자는 돌아갈 곳이 있다.

> "너희 중에 누구든지 지혜가 부족하거든 모든 사람에게 후히 주시고 꾸짖지 아니하시는 하나님께 구하라 그리하면 주

시리라" 약1:5.

야고보는 이 말씀을 시험당하고 있는 사람들에게 썼다. 그는 특정한 시련 하나만을 언급하지 않았다. 오히려 여러 시험을 말한다. 그리고 그의 말씀은 선교사에게도 적용된다. 왜냐하면 시련은 선교사의 삶의 일부이기 때문이다. 선교사는 보통 사람과 같은 시험도 겪고, 그리스도인으로서의 시련도 감당한다. 그리고 그는 이 땅에서 가장 위대한 사역의 어려움을 마주하고 있다.

그럼에도 그는 용기를 내야 한다. 그리고 솔로몬과 함께 이렇게 기도해야 한다.

"듣는 마음을 종에게 주사" 왕상3:9.

그리고 그는 기도 자체가 아니라, 그 기도를 드리는 하나님을 신뢰해야 한다.

왜냐하면 그 하나님은 대대로 자기 백성 곁에 서 계신 분이시기 때문이다.

그 하나님은 우리가 찬양하고 선포하도록 부름받은 분, 곧 지식과 지혜의 하나님이시다.

6장
하나님의 의

이제 하나님의 의 또는 정의라는 주제로 살펴보려고 한다. 우리는 지금까지 하나님이 어떤 분이신지에 대해 살펴보았다. 이번 장에서도 그 주제를 계속 다룰 것이다. 하지만 한 가지 차이점이 있다. 처음으로, 하나님의 성품 중 '도덕적'이라고 부를 수 있는 측면을 다루려고 한다. 즉, 옳고 그름의 문제를 다루실 때, 하나님은 어떤 분이신가? 우리가 흔히 말하는 '선^{good}'과 '악^{evil}'이라는 개념에 대해 하나님은 어떻게 정의하시는가? 무엇이 하나님을 이러한 가치 판단의 기준이 되게 하는가?

유일한 최고의 기준

내가 어떤 사람을 보고 "그는 의로운 사람이다"라고

말하고, 어떤 행동을 보고 "그것은 정의롭지 않은 행동이다"라고 말하는 것은 쉽다. 이렇게 말하면서, 단순히 내 취향을 말하는 것일 수 있다. 더 솔직히 말하면, 내 편견을 드러내고 있을 수도 있다. 하지만, 우리는 일반적으로 이런 말들이 의미 있는 주장일 수 있다는 점에 동의할 것이다. 그렇다면 여러분이 나의 이런 말을 들었을 때, 옳은지 어떻게 알 수 있을까?

여러분은 두 가지를 해야 한다. 첫째, 가능한 한 자신의 편견을 내려놓아야 한다. 둘째, 측정할 기준이 필요하다. 여러분과 내가 선함과 악함을 구별할 수 있는 기준이 없다면,

"이 사람은 선하다,"

"저 사람은 악하다"

라고 말하는 것은 아무 의미도 없다. 마찬가지로, '이 벽이 수평이다', 또는 '이 벽이 수직이다'라고 말할 때, '수평'과 '수직'이 무엇을 뜻하는지 모른다면, 그런 말을 하는 것이 무슨 소용이 있겠는가?

내 딸이 어렸을 때 일이다. 친구 아트^{Art}와 함께 방에 앉아 이야기하고 있을 때, 내 딸이 옷을 멋지게 차려입고 방 안으로 뛰어 들어왔다. 그리고 숨을 고르며 이렇게 외쳤다.

"아트 아저씨, 저 예쁘지 않아요?"

아마도 딸은 아트의 대답을 예상하지 못했을 것이다.

아트는 딸을 위아래로 한 번 훑어보고는 이렇게 말했다.

"무엇과 비교해서?"

하지만 바로 그것이 핵심 아니겠는가? 우리가 가치 판단을 말할 때는 언제나 "무엇과 비교해서?"라는 질문이 따라온다. '어떤 것, 혹은 어떤 사람이 선한가, 악한가, 수평인가, 수직인가, 아니면 아름다운가?' 그 질문에 대한 대답은 반드시 이렇게 돌아와야 한다.

"무엇과 비교해서?"

그런데 하나님에 대해서는 이 질문이 통하지 않는다. 왜냐하면, 하나님이 바로 그 기준이시기 때문이다. 하나님을 비교할 만한 그 어떤 것도 존재하지 않는다. 하나님 위에 존재하며 하나님께서 맞추셔야 할 잣대는 없다. 우리가 하나님의 성품에 대해 알고 있는 것, 바로 그것이 우리가 무엇이 선하고 악한지, 옳고 그른지를 알 수 있는 유일한 기준이다.

바로 여기에 하나님의 위대함의 한 부분이 있다. 모세는 이렇게 노래했다.

> "너희는 우리 하나님께 위엄을 돌릴지어다 그는 반석이시니 그가 하신 일이 완전하고 그의 모든 길이 정의롭고 진실하고 거짓이 없으신 하나님이시니 공의로우시고 바르시도다"
> 신 32:3-4

정의*Justice*란 무엇인가? 의*Righteousness*란 무엇인가? 그것들은 하나님 안에서 완전하게 드러난다. 하나님은 완전한 의요, 완전한 정의이시다. 공정함*Fairness*과 공평함*Equity*은 그분에게서 의미를 얻는다. 만약 우리가 이 사실을 받아들이기 어렵다면, 그것은 우리가 하나님에 대해 품는 생각이 하나님께 전혀 합당하지 않기 때문이다. 우리는 하나님을 우리 자신의 형상에 맞추어 생각하고 싶어 한다. 우리가 법 아래 있으면, 하나님도 마땅히 법 아래 있어야 한다고 생각한다.

그러나 바로 여기에 하나님의 영광이 있다. 하나님은 조언자나 조언이 필요하지 않다. 의에 있어서도, 다른 모든 면에 있어서도, 하나님은 스스로 충족하신 분이다. 아무도 하나님을 자문하는 역할을 하지 않는다. 어떤 법도 하나님을 지배하지 않는다. 오직 하나님의 본성 자체의 법만이 그분을 규정할 뿐이다. 하나님은 그분 안에서 필요한 모든 것을 발견하신다.

바로 여기에 경이와 감탄, 예배와 찬양을 불러일으키는 하나님이 계신다. 그분이 바로 바울이 기쁨 속에서 이렇게 고백할 수 있었던 바로 그 하나님이시다.

"내가 속한 바 곧 내가 섬기는 하나님" 행 27:23.

참으로 이 하나님은 알려지고, 예배받으실 만한 분이시다!

하나님의 의와 선교

하나님께서 자신을 바라보실 때, 그분 안에서 의를 보신다. 그러나 그것은 나에게는 전혀 도움이 되지 않는다. 나는 하나님의 본질 자체를 직접 들여다볼 수 없기 때문이다. 그렇기 때문에 하나님은 우리에게 그분의 말씀을 주셨다. 우리가 의가 무엇인지 알고자 한다면, 성경으로 돌아가야 한다. 우리는 이미 하나님이 어떤 분이신지를 묘사하는 과정에서 성경을 참고해왔다. 그러나 성경은 하나님의 의를 드러내는 세 가지 방법을 더 보여준다.

그 첫 번째는 예수 그리스도를 보여주는 것이다.

죄를 알지도 못하시고, 죄도 짓지 않으신 주 예수님을 바라보라. 히브리서 기자가 말하듯,

"모든 일에 우리와 똑같이 시험을 받으신 이로되 죄는 없으시니라" 히 4:15.

보라, 그 사람을!

복음서를 읽어보면 예수님과 그분을 둘러싼 사람들 사이의 뚜렷한 차이를 느낄 수 있다. 굳이 그분의 적들과 비교할 필요도 없다. 그분의 제자들조차도 그 차이를 보여 준다.

왜 이런 대조가 나타나는가?

그 이유는 그리스도 안에서 사람들이 하나님의 순결함, 곧 하나님의 의와 마주하게 되기 때문이다. 또한, 하나님은 우리에게 그분의 명령을 주셔서 그분의 의가 무엇인지를 가르쳐 주신다.

하나님의 "~~해야 한다*you shall*"와 "~~하지 말라*you shall not*"라는 명령은, 하나님이 어떤 분이신지, 그리고 우리가 얼마나 하나님과 다른지를 보여준다.

마지막으로, 하나님은 그분의 심판하시는 역사를 우리에게 말씀해 주신다. 하나님이 진노로 말씀하실 때, 우리는 하나님의 의와 정의를 배우게 된다. 하나님은 심판 가운데서도 영광스러운 분이시다! 그렇다면 심판 가운데 나타나는 하나님의 영광을 좀 더 세밀히 살펴보자.

성경은 이 주제를 적어도 세 가지 방식으로 전개한다.

첫째, 성경은 하나님께서 역사 속에서 사람들을 심판하심을 보여준다.

사람들이 아무리 하나님을 대적하여 자신을 높인다 하더라도, 하나님은 그들을 낮추실 권리를 보존하신다. 물론, 하나님이 이 땅에서 항상 사람들을 심판하시는 것은 아니다. 수많은 악인들이 호화롭고 평안한 삶을 살며 오래 살아가는 경우도 있다. 그러나 성경은 하나님께서 악인들을 그분의 손으로 멸하신 예를 우리 앞에 보여준다.

"하나님은 의로우신 재판장이심이여 매일 분노하시는 하나님이시로다"시 7:11, 그리고 종종 "악인들은 땅에 엎드러뜨리시는도다"시 147:6라고 말씀하신다.

모세가 출애굽 사건에서 이렇게 노래했다.

"내가 여호와를 찬송하리니 그는 높고 영화로우심이요 말과 그 탄 자를 바다에 던지셨음이로다…
여호와여 주의 오른손이 권능으로 영광을 나타내시니이다
여호와여 주의 오른손이 원수를 부수시니이다 주께서 주의

> 큰 위엄으로 주를 거스르는 자를 엎으시니이다 주께서 진노를 발하시니 그 진노가 그들을 지푸라기 같이 사르니이다"
> 출 15:1, 6-7

역사 속에서 하나님의 심판은 모세를 찬송하게 만든다.

둘째, 성경은 역사의 마지막 순간에 임할 두려운 심판을 묘사한다. 우리는 주님의 날에 대해 경고를 받는다. 그 날에는 모든 것이 바로잡히고, 심판이 연기되는 일은 더 이상 없을 것이다.

> 이를 놀랍게 여기지 말라 무덤 속에 있는 자가 다 그의 음성을 들을 때가 오나니 선한 일을 행한 자는 생명의 부활로, 악한 일을 행한 자는 심판의 부활로 나오리라 요 5:28-29

그 날에 하나님은 영광스럽게 나타나실 것인가? 그렇다, 하나님은 영광스럽게 나타나실 것이다. 요한계시록을 펴고 믿음과 기도로 읽어 보라. 두 증인이 누구인지, 일곱 산과 열 뿔이 무엇을 상징하는지 알아내려는 일은 잠시 잊어도 좋다. 이런 세부사항들이 중요하지 않다는 것은 아니다. 그러나 지금 우리가 생각하고 있는 핵심에 비하면, 부차적인 문제들이다.

요한계시록은 성경의 여러 책들 중에서도 책 전체가 하나의 메시지를 전달하는 책이다.^{나는 욥기와 전도서도 함께 떠올린다.} 그리스도인이 요한계시록을 읽으면서 하나님의 위엄을 느끼지 않는 것은 어려운 일일 것이다.

그런데 요한계시록이 주는 감동은 주로 하나님께서 심판하시는 사역을 바라보는 가운데 일어난다. 마지막으로 하나님이 심판 속에서 영광을 나타내시는 방식이 하나 더 있다. 시간 순서로는 마지막이 아니다. 왜냐하면 이미 일어난 일이기 때문이다. 그러나 의심할 여지없이, 그것은 하나님의 가장 높고 빛나는 심판 행위이다. 나는 하나님께서 자기 아들 예수 그리스도에게 내리신 죄에 대한 심판을 말하고 있다. 그것 역시 영광스러운 일이었다. 특별히 그 결과에 있어서 영광스러웠다. 사탄은 그 심판으로 인해 자리에서 끌어내려졌다.

주 예수님은 이렇게 말씀하셨다. "이 세상 임금이 심판을 받았음이라"^{요 16:11, 참조. 12:31}. 여기서 주목할 점은, 사탄이 다스리는 대상이 '이 세상'이라는 것이다. 그리스도의 죽음을 통해, 하나님은 새로운 세상, 새로운 창조를 하신다. 그리고 사탄으로부터 자기 백성들을 빼앗아 오심으로써 그 일을 이루고 계신다. 이것이야말로 영광스러운 사역이다.

그러나 나는 지금 그리스도의 죽음 자체가 지닌 의미를 생각한다. 그것이 사람이나 사탄에게 미친 영향은 잠시 제쳐두고 말이다. 그리스도의 죽음은 하나님의 심판 행위였다.

그것은 하나님의 의의 드러남이었다. 그것은 하나님께서 자신의 의를 드러내기 위해 어디까지 나아가실지를 보여주었다. 하나님은 "자기 아들을 아끼지 아니하셨다"롬 8:32.

예수 그리스도께서 "우리를 위해 죄가 되셨을 때", 하나님의 진노는 그분 위에 온 힘을 다해 쏟아졌다. 그러므로 그리스도께서 십자가를 앞에 두고 하신 "이 잔을 내게서 옮기시옵소서"눅 22:42라는 기도가 세상에서 가장 자연스러운 기도로 느껴지는 것은 당연하다.

> 그러나 [예수님께서 말씀하시길] 나의 원대로 마시옵고 아버지의 원대로 하옵소서 마 26:39

예수님께서 이 말씀을 하실 때, 자신을 하나님의 자비 없는 정의에 맡기신다. 하나님의 의를 알고 싶다면, 십자가를 보라. 그 십자가 위에서 들려오는 외침을 들어라.

"나의 하나님, 나의 하나님, 어찌하여 나를 버리셨나

이까?" 이 질문에 대한 대답은 성경에 기록되지 않았다! 그러나 성경은 우리를 추측 속에 내버려 두지 않는다. 그 답은 분명하다.

그분이 버림받으신 것은 죄인을 대신하여 죽으셨기 때문이다. 그것이 바로 하나님께서 죄를 얼마나 미워하시는지에 대한 척도이다.

그러나 정의만으로는 십자가를 설명할 수 없다. 해야 할 말이 훨씬 더 많다. 십자가는 하나님의 사랑의 행위였다. 길 잃은 죄인들을 향한 은혜와 자비의 행위였다. 십자가는 바로 하나님의 마음이 드러난 곳이었다!

하지만 우리에게는 다른 위험이 있다. 그것은 십자가를 감상적으로 바라보는 것이다. 하나님의 은혜를 강조하다가 그분의 정의를 소홀히 하는 위험이다. 그리고 우리는 결코 그런 잘못을 저지를 여유가 없다.

왜냐하면, 그리스도의 죽음 속에는 하나님의 의의 요구가 담겨 있기 때문이다. 정의가 죽음을 요구하는가? 그렇다면 나는 크나큰 빚을 지고 있으며, 그것을 갚을 아무것도 가지고 있지 않다. 이 사실은 감상적으로 미화될 수 있는 것이 아니다.

그러나 십자가에 다른 방식으로 접근할 수도 있다. 만

일 하나님께서 그의 아들을 죽음에 내어주셨다면, 그리고 실제로 그렇게 하셨다면, 그것은 헛된 일이 아니었다. 하나님은 크신 목적을 두고 계셨다. 그 목적은 하나님께서 의롭게, 공정하게, 그리고 정당하게 죄인들을 구원하시는 것이었다. 이 또한 하나님 편에서의 정의의 행위이다. 나는 이 일이 우리, 즉 구원받은 자들에게 정의라고 말하는 것이 아니다. 우리에게 그것은 온전한 은혜일 뿐이다.

> 너는 내 아들이라 오늘 내가 너를 낳았도다 내게 구하라 내가 이방 나라를 네 유업으로 주리니 네 소유가 땅 끝까지 이르리로다 시 2:7-8

그래서 그리스도는 단지 말로만 요청한 것이 아니라, 자신의 생명을 내어주는 방식으로 요청하셨다.

그리고 아버지께서는 기쁨으로 그 요청에 응답하신다. 모든 족속과 언어와 백성과 나라 가운데서, 하나님은 자기 아들이 값 주고 사신 사람들을 아들에게 주신다. 이것은 완벽한 정의 가운데 이루어진 일이다. 심판과 자비 속에서, 하나님은 언제나 의롭게 행하신다.

하나님의 의로운 행위는 하나님의 영광의 단면을 보여준다. 그리고 그 영광을 바라보며 우리는 다시금 이렇게 말한다. 그분의 존재 자체로 알려지고 선포될 가치가 있는 하나님이 존재하신다!

선교사는 이런 질문을 던질 수 있다. "나는 여기서 '여기'가 어디이든 간에 무엇을 하고 있는가?" "나는 왜 이런 일을 하고 있는가?" 나는 "하나님"이라는 대답만이 유일하게 만족스러운 대답이라고 말하고 싶다. 가장 먼저 다가오는 사실은, 하나님께서 선교를 명령하셨다는 사실이다. 그것만으로도 우리가 선교에 참여할 충분한 이유가 된다. 하지만 우리는 거기서 더 나아갈 수 있다. 그 명령에 우리를 보내신 하나님에 대한 더 풍성한 지식을 더할 수 있다. 우리는 그렇게 해야 한다. 우리가 섬기는 하나님에 대한 더욱 분명한 이해를 구해야 한다. 그렇게 할 때, 설령 우리가 성공을 거두지 못할지라도 우리의 사역은 의미 있는 사역이 된다.

이사야를 생각해 보라. 하나님은 이사야를 심판과 정죄의 사역으로 보내셨다. 이사야가 그 사명을 좋아했을 것 같지 않다. 솔직히 나 자신이라면 결코 그 사명을 좋아하지 않았을 것이다. 바울은 자신의 사역에 대해 기쁘게 말할 수 있었다. "우리는 생명의 향기이기도 하고, 죽음의 향기이기도 하다." 그러나 이사야는 그렇게 말할 수 없었다. 그는 다음 일에 보내심을 받았다. "이 백성의 마음을 둔하게 하며 그들의 귀가 막히고 그들의 눈이 감기게 하라"사 6:10.

그렇다면 어떻게 그러한 사역을 준비하게 되는가? 하나님은 이사야에게 자신을 묵시로 보여주셨고, 이사야는 하나님의 거룩하심을 보다. 그는 하나님과 자신 사이의 극명한 대조를 알게 되었다.

그리고 그것으로 충분했다. 그것이 이사야의 준비 과정이었다. 이사야는 명령이 없어도, 단지 하나님의 힌트 한마디만으로도 준비가 되어 있었다.

그가 직접 전하는 이야기를 들어 보라.

> 내가 또 주의 목소리를 들으니 주께서 이르시되 내가 누구를 보내며 누가 우리를 위하여 갈꼬 하시니 그 때에 내가 이르되 내가 여기 있나이다 나를 보내소서 하였더니 사6:8

그것은 어려운 사명이었다. 그러나 이사야는 그 사명을 감당하기 위해 하나님을 바라보는 새로운 관점을 가지게 되었다. 선교사는 종종 하나님의 의가 도전받는 곳에서 살아간다. 그 도전은 사람들에게서 올 수도 있다. 그들이 하나님의 의를 부정할 수도 있다. 혹은 일어나는 사건들로 마치 하나님께서 의를 잊으신 것처럼 보일 수도 있다. 그 도전은 전혀 예상치 못한 곳에서 찾아올 수도 있다. 그러나 반드시 찾아온다. 예를 하나 들어보겠다.

최근에 선교 영화를 보았다. 그 영화에서 한 원주민 여인이 산 채로 땅에 묻히는 장면이 나왔다. 그 여인은 원주민들의 기준으로는 죽은 사람이었지만, 실제로는 여전히 숨을 쉬고 있었다. 그 여인은 선교사의 친구였고, 당연히 선교사는 묻히는 것을 막기 위해 할 수 있는 모든 일을 다했다. 그러나 아무 소용이 없었다. 땅은 여인의 몸을 삼켰고, 무덤은 덮혔다. 선교사는 완전히 절망한 상태로 남겨졌다.

나는 그 선교사보다 그 광경을 더 잘 받아들일 수 있었을 것이라고 결코 말할 수 없다.

그 장면의 참혹함을 줄일 수 있는 것은 어떤 것도 없다. 그럼에도 불구하고, 정확히 말하면 바로 그 순간, 나는 영화에서 무언가가 빠져 있다는 느낌을 받았다. 영화의 모든 부분이 아니라, 딱 그 부분에서만. 잠깐 동안 우리는 하나님 없이 남겨진 듯했다. 그것이 감독의 의도였을지도 모른다. 어쩌면 감독은 우리로 하여금 그 참혹한 공허함을 맛보게 하고 싶었을지도 모른다. 그러나 나는 그때, 바로 그 자리에서 하나님의 길을 옹호하고 싶었다. 하나님의 주권을 선포하고 싶었다. 그래서 관객들이 그 장면을 단순한 우연이라고 생각하지 않게 하고 싶었다. 나는 하나님의 정의를 설명하고 싶었다. 아브라함의 질문에 답하고 싶었다. "세상을 심판하시는 이가 정의를 행하실 것이 아니니이까?" 창 18:25

나는 이렇게 말하고 싶었다. 우리는 우연한 사고를 목격하고 있는 것이 아니다. 이방 신앙_heathenism_은 전능하신 하나님의 심판이다. 그것은 단순한 불행이 아니다. 이방인이 되어 관습을 따르는 것은, 의로우신 하나님의 정죄를 받는 것이다. 온 땅의 재판장이신 하나님은 어떤 것도 간과하지 않으신다. 그리고 온 땅의 재판장이신 하나님은, 모든 곳에서, 모든 사람에게, 언제나 올바르게 행하신다.

이 말을 너무 받아들이기 힘들다고 느끼는가? 분명 그렇게 느껴질 것이다. 그러나 사역자는 이 말씀을 먹는 것을 주저하지 말아야 한다. 이 말씀은 두 가지 면에서 유익을 준다. 첫째, 이 말씀은 가르침의 방향을 정해준다. 처음부터 청중들은 하나님을 있는 그대로의 모습으로 보게 될 것이다. 청중들에게 이보다 더 큰 유익이 있겠는가? 고민해 보았지만, 그런 것은 없다. 하나님께서 구원하시기로 작정하신 사람이라면, 하나님에 대한 진리는 그들을 돌아서게 하지 않을 것이다. 진리는 하나님의 도구이다.

그리고 또 한 가지가 있다. 나는 이 진리가 선교사 자신의 마음에 미치는 영향을 생각하고 있다. 선교사는 하나님의 의를 굳게 붙잡아야 한다. 그것을 항상 마음의 눈앞에 두어야 한다. 그리고 무엇보다도, 그 진리를 자신의 삶에 적용해야 한다. 나는 그 결과가 무엇일지 알고 있다고 생각한다. 글을 쓰는 이 순간에도 그 사실이 내 마음에 강하게 다가온다. 참되게 자신을 그리스도인이라 부를 수 있는 사람이라면 누구나 이 사실을 깨닫지 않을 수 없다.

"구원은 오직, 그리고 항상 하나님의 은혜로만 주어진다."

나는 멸망하는 이방인들보다 더 나은 사람이었는가? 그렇게 생각한다면 나는 어리석은 자일 것이다. 선교사도 마찬가지이다. 우리는 눈이 멀고, 귀가 닫혔으며, 하나님을 미워하던 자들이었다. 우리 대부분은 한 해 동안 빛을 거슬러 이방인들이 평생 동안 짓는 죄보다 더 많은 죄를 지었다. 오직 하나님의 선하심과 은혜를 제외하고는, 하나님께서 우리를 구원하실 이유는 전혀 없었다

그러므로 여기에 우리의 사역의 동기가 있다.
하늘에 의로우신 하나님이 계시며, 그분이 우리 같은 자들도 구원하신다면, 우리의 청중들도 구원하지 않으실 이유가 어디 있는가? 우리 같은 자들, 그리고 그들 같은 자들을 구원하실 정의로우신 하나님이 계시다면, 은혜와 정의와 함께 구원을 이루시는 하나님이 계시다면, 여기에 놀라운 하나님이 계신다. 이해할 수 없을 때조차 경배할 수 있는 하나님, 섬길 수 있는 하나님, 스스로를 이렇게 말씀하시

는 하나님이시다.

"공의를 행하며 구원을 베푸는 하나님이라" 사 45:21

7장
하나님의 은혜로우심

앞 장의 끝부분에서 우리는 하나님의 은혜라는 주제로 나아갔다. 그 주제를 다시 이어가고 싶다. 그리스도인에게 하나님이 선하시며 은혜로우신 분이라는 생각보다 더 소중한 생각은 없다. 만약 하나님의 교리에 엄격한 측면이 있다면, 그 교리에는 자비로운 측면도 있다.

하나님의 성품에는 온유함이 있는데, 이것은 하나님의 정의와 능력을 지나치게 강조하면 위협받을 수도 있다. 우리가 그 균형을 잘 맞출 수 있는지 함께 살펴보자.

하나님의 사랑

어떤 사람이 진심으로 선교 사역에 관심을 가지게 되었다면, 이미 하나님은 선하신 분이라는 고정된 원칙을 마음속에 굳게 새기고 있을 것이다. 선교는 그 외의 어떤 전제 위에서는 의미를 가질 수 없다. 우리가 아는 것이 충분히 많다면, 현재 우리를 놀라게 하고 혼란스럽게 만드는 사건들 가운데서도 하나님의 선하심을 증명할 수 있을지도 모른다. 그러나 그것은 우리의 능력을 넘어서는 일이다. 그러므로 우리는 성경이 계시해 주는 것에 만족하려 한다. 주님께서 우리가 발견하는 그 진리에 사로잡히도록 도와주시기를 간구한다.

우리는 하나님의 선하심을 성경에 나오는 여러 단어들을 통해 알게 된다. 우리가 가장 좋아하는 단어는 "사랑"이다. 그 외에도 "긍휼", "자비", "선하심", "은혜" 같은 단어들이 있다. 단어들마다 고유한 뉘앙스가 있지만, 그 차이를 너무 지나치게 구분할 필요는 없다. 대개 어떤 단어가 쓰였는가보다 문맥이 그 미묘한 차이를 이해하는 데 더 좋은 열쇠가 된다.

하나님의 사랑에 대해 올바르게 말하려면 정의가 필요하다. (성경의 두 주요 언어인) 헬라어와 히브리어에서도, 영어에서도, "사랑"이라는 단어는 항상 같은 의미로 쓰이지 않는다. 그러나 일반적으로, 우리는 다른 사람의 유익을 원하고, 그들의 이익을 증진시키려고 할 때 그들을 사랑한다고 말한다. 이런 의미에서 하나님은 그분의 창조 세계를 사랑하신다. 시편 기자는 이렇게 말한다.

> "여호와께서는 모든 것을 선대하시며 그 지으신 모든 것에 긍휼을 베푸시는도다" 시 145:9.

하나님은 그분의 창조 세계에 유익을 주기를 원하시며, 실제로 그렇게 하신다. 우리는 그분의 능력을 의심할 수 없다. 그리고 여기서 우리는, 하나님께서 원하신다는 사실도 배운다.

하나님께서 무엇을 행하시는지가, 하나님이 어떤 분이신지를 드러낸다. 이것이 중요한 핵심이다. 하나님은 선하신 분이시기 때문에 선을 행하신다. 그분의 긍휼이 그분의 성품을 가리는 것이 아니다. 오히려 그것은 그분의 성품을 드러낸다. 물론, 우리가 하나님의 모든 긍휼의 행위를 다 알아보는 것은 아니다. 때로는 그 긍휼이 우리를 당황하게 만들기도 한다.

이는 우리 삶 속에서 흔히 겪는 경험이다.

분명한 것은, 하나님의 선하신 역사를 볼 때마다, 그 뒤에는 반드시 선하신 하나님이 계시다는 사실을 확신할 수 있다는 것이다. 모든 사람은 원하기만 하면 하나님의 성품의 이러한 면모를 발견할 수 있다. 예수님은 우리에게 이렇게 가르치셨다. 햇빛과 비만으로도, 우리에게 그것을 볼 눈이 있다면, 하나님의 선하심을 보여주기에 충분하다고 말이다.

그것은 참되지만, 하나님께서 모든 사람에게 똑같이 선을 베푸시는 것은 아니다. 이 사실 또한 햇빛과 비를 통해서도 알 수 있다. 어떤 사람들은 비가 너무 많이 내려 건강에 나쁜 영향을 미치는 지역에 산다. 또 어떤 사람들은 가뭄으로 고통받는 지역에 산다. 어느 누구도 햇빛과 비 없이 살 수는 없다.

이 사실은 너무나 분명해서, 하나님께서 직접 부정하지 않는 한 부정할 수 없다. 성경은 이 사실을 더욱 확증해 준다. 그리고 그 확증은 햇빛과 비보다도 훨씬 더 중요한 문제들에 대해서도 이루어진다. 예를 들어, 모세가 출애굽 사건을 어떻게 설명했는지 보라. 출애굽 사건은 노예 상태와 자유 상태의 차이를 의미했다는 사실을 기억하라.

"여호와께서 너희를 기뻐하시고 너희를 택하심은 너희가 다른 민족보다 수효가 많기 때문이 아니니라
너희는 오히려 모든 민족 중에 가장 적으니라
여호와께서 다만 너희를 사랑하심으로 말미암아,
또는 너희의 조상들에게 하신 맹세를 지키려 하심으로 말미

> 암아
> 자기의 권능의 손으로 너희를 인도하여 내시되
> 너희를 그 종 되었던 집에서 애굽 왕 바로의 손에서 속량하셨나니" 신 7:7-8.

자유와 노예됨은 여호와의 손에 달려 있다. 햇빛과 비 또한 그렇다. 그리고 이 모든 것은 하나님께서 원하시는 대로, 어떤 이들에게는 더 많은 사랑의 표현으로 주어지고, 다른 이들에게는 덜 주어진다.

이 진리는 구원에서 가장 명확하게 드러난다. 하나님은 구원의 은혜를 누구에게는 주시고, 누구에게는 주시지 않는다. 왜 나는 그리스도인이고, 내 이웃은 그렇지 않은가?

잠깐 생각해 보자. 내 지혜나 의나 사랑이 나를 구원하시도록 하나님을 움직이게 했는가?

물론 아니다!

그것은 내 안에 있는 것이 아니라, 하나님 안에 있는 어떤 것 때문이었다. 나는 그리스도께 돌아갈 만큼 지혜롭지도, 의롭지도 않았다. 내가 그분을 찾은 것이 아니라, 그분이 나를 찾으셨다. 내가 그분을 사랑한 것이 아니라, 그분이 나를 사랑하셨다. 나는 내 창조주를 공정하게 대하지 않았지만, 하나님은 나를 대하실 때 공정하신 것보다 훨씬 더 큰 을 베푸셨다. 구원을 자비^{즉, 도움이 필요한 자들에게 베푸시는 사랑의 도움}로 보든, 혹은 은혜^{즉, 자격 없는 자들에게 베푸시는 사랑의 은총}로 보든, 그 모든 것은 오직 하나님께 속한 것이다. 그리고 하나님은 그분의 뜻대로 이 사랑을 베푸신다.

누군가 말할 것이다. "그렇다면 하나님은 편파적^{partial}이신 거 아닌가요? 성경은 하나님이 사람을 외모로 취하지 않으신다고^{차별없이 대하신다고} 가르치지 않나요? 그런데 하나님께서 어떤 사람은 더 사랑하시고, 어떤 사람은 덜 사랑하신다는 것은 어떻게 가능한가요?" 이것은 타당한 질문이다. 성경은 이 질문에 답을 준다. 그 답은 바로 '편파적'이라는 단어를 어떻게 정의하느냐에 달려 있다.

우리가 언제 편파적이라고 평가를 받는가? 편파성은 어떤 사람이나 집단에서 특별히 마음에 드는 무언가를 발견할 때 시작된다.

"경제적, 정치적 권력이 마음에 들어"라고 어떤 이는 말한다.

"지성이나 기지가 있는 사람에게 끌려"라고 다른 이는 말한다.

"나는 아름다움에 매료돼"라고 또 다른 이는 말한다.

이것이 바로 편파성의 시작이다. 그러나 편파성에는 또 다른 단계가 있다. 그것은 바로 내가 좋아하는 것을 근거로 어떤 사람들에게 특별히 호의를 베풀 때 나타난다. 우리 중 많은 사람은 같은 학교, 같은 정당의 사람들에게 편파적이다. 그리고 가족에 대한 편애는 속담과 같 잘 알려져 있다.

"피는 물보다 진하다."

그러나 이런 방식으로 하나님이 사람들에게 편파적이신 경우는 전혀 없다. 왜냐하면 타락한 인간들안에서는 하나님께서 특별히 기뻐하실만한 선함을 발견할 수 없기 때문이다. 하나님께서 마음을 두실만한 하나님 닮은 성품 *godlikeness*은 하나님께서 창조하신 곳에서만 존재한다. 하나님은 이 사람이나 저 사람을 그들 안에 있는 어떤 근거 때문에 선택하지 않으신다. 이 의미에서, 하나님은 외모로 사람을 취하지 않으신다. 하나님은 편파적이신 분이 아니다.

이 모든 것은 하나님의 사랑과 우리의 사랑 사이의 중요한 차이를 부각시킨다. 그리고 우리는 이 차이를 결코 간과해서는 안 된다. 약 700년 전, 토마스 아퀴나스는 이 차이를 너무나 명확하게 설명했다. 나는 그보다 더 나은 설명을 할 수 없다.

아퀴나스의 말을 들어보자.

> 하나님은 우리가 사랑하는 방식으로 사랑하지 않으신다. …
> 우리의 사랑은 우리가 사랑하는 대상 안에 이미 존재하는 선
> 함에 의해 움직인다. 즉, 우리는 어떤 대상을 사랑하게 되는
> 이유가, 그 안에 이미 있는 선함 때문이다. … 그러나 하나님
> 은 그 반대이다. 하나님은 사랑하시는 자에게 선을 주시기로
> 뜻하실 때, 하나님의 뜻이 바로 그 사람 안에 선함이 존재하
> 게 하는 원인이 된다.

우리 안에는 하나님께서 우리를 사랑하시도록 하거나 우리를 편애하시도록 이끌 만한 아무런 이유가 없다. 그러나 그런 상황에서도 하나님은 세상을 버리지 않으셨다. 하나님은 세상을 사랑하셨으며, 모든 피조물들을 위해 많은 선함을 계획하셨다. 그리고 하나님은 많은 사람의 아버지가 되시기로 선택하셨다. 아버지로서 하나님은, 찾아낼 수 없는 곳에서조차 큰 선함을 창조하신다. 그리고 그분의 자녀들에게는 그리스도를 닮은 모습을 주신다. 이것이야말로 하나님의 가장 귀한 선물이다. 이 선물은 하나님의 사랑을 "끝까지" 드러낸다.

십자가에서 나타난 사랑

여러분은 '에피파니'*epiphany*라는 단어를 들어 본 적이 있는가? 어떤 그룹은 이 단어를 잘 알고 있다. 그러나 다른

많은 곳에서는 거의 사용되지 않는다. '에피파니'라는 단어는 헬라어 신약성경에서 거의 변형 없이 영어로 들어온 단어이다. 그 의미는 '나타남' 또는 '출현'이다. 기독교에서는 예수 그리스도의 이 세상 오심 혹은 나타나심을 가리킬 때 사용한다.

그리고 동사 형태는 성경 여러 구절에서 사용된다.

모든 사람에게 구원을 주시는 하나님의 은혜가 나타나 디도서 2:11

우리 구주 하나님의 자비와 사람 사랑하심이 나타날 때에 디도서 3:4

두 구절 모두에서 '에피파니'*epiphany*는 하나님의 선하심을 나타내는 '은혜', '자비', '사랑'과 같은 단어들과 함께 사용된다.

흥미로운 점은 이것이다. 두 구절 모두 예수 그리스도의 오심에 관한 것이지만, 그리스도의 이름을 직접 언급하지 않는다. 바울은 '그리스도께서 나타나셨다'라고 말하지 않고, '은혜가 나타났다', 혹은 '자비과 사랑이 나타났다'라고 말한다. 그렇다면 바울은 이 세 단어가 단순히 예수님의 다른 이름들이라고 말하고 있는 것일까? 그것은 바울의 정확한 뜻은 아니다.

7장 하나님의 은혜로우심

기독교 신앙의 입장은 이렇다. "하나님은 언제나 사람들을 사랑하셨다." 그러나 그 사랑을 가장 완전하게 드러내는 분은 바로 십자가에 못 박히신 그리스도이시다. 그리스도는 그 사랑을 의심할 여지없이 증명하신다. 그렇다고 하나님의 은혜와 자비과 사랑이 예수님의 오심 이전에는 전혀 나타나지 않았다는 뜻은 아니다. 노아와 다른 이들도 주의 눈에 은혜를 입은 자들이었다. 그러나 중요한 것은 비교이다.

예수 그리스도의 삶과 죽음과 비교해 보면, 이전에 나타났던 하나님의 모든 사랑의 표현들은. 비록 그것들이 매우 크고 놀라운 것들이었지만 아무것도 아닌 것처럼 여겨질 정도이다. 요한도 동일하게 말한다.

> 율법은 모세로 말미암아 주어진 것이요 은혜와 진리는 예수 그리스도로 말미암아 온 것이라 요 1:17

이 말씀은 시간을 초월한 진술이 아니라, 역사적인 선언임을 주목하라. 인간이 누려온 모든 은혜가 예수 그리스도를 통해 왔다는 뜻은 아니다. 사실일 수도 있지만, 핵심은 그것이 아니다. 요한은 "새로운 시대가 도래했고, 곧 은혜의 시대가 열린 것이다"라고 말한다. 은혜가 드러나고, 은혜가 지붕 위에서 외쳐지는 시대, 그것이 바로 새 시대의 본질이다! 이 은혜의 시대는 단 하나의 길을 통해서만 올 수 있었다. 그리스도를 통해서이다. 하나님은 은혜, 자비, 사랑을 이전보다 훨씬 더 깊고 풍성한 방식으로 말씀하시기로 작정하셨다.

그래서 하나님은 이렇게 말씀하셨다.
"예수!"
혹은 바울을 통해 이렇게 외치셨다.
"십자가에 못 박히신 그리스도!"
하나님의 사랑은 특별히 십자가와 연결되어 있다. 요한은 또한 이렇게 말한다.

> 하나님의 사랑이 우리에게 이렇게 나타난 바 되었으니 하나님이 자기의 독생자를 세상에 보내심은 그로 말미암아 우리를 살리려 하심이라 사랑은 여기 있으니 우리가 하나님을 사랑한 것이 아니요 하나님이 우리를 사랑하사 우리 죄를 속하기 위하여 화목제물로 그 아들을 보내셨음이라 요일 4:9-10

여기서 우리는 하나님의 사랑이 가장 높이 드러나는 모습을 본다. 하나님은 자기 아들을 보내셨다. 하나님은 자기 아들을 '화목제물*propitiation*'로 보내셨다. 즉, 하나님은 아들을 자신의 진노를 죄인들에게서 돌리기 위한 제물로 보내신 것이다. 십자가에서 하나님의 진노는 그리스도 위에 쏟아지고, 죄인들은 자유롭게 되었다.

웨일즈의 한 광부는 간단히 이렇게 표현했다.
"그분이 나와 자리를 바꾸신 거야!"

이것은 종종 오해되어 왔다. 어떤 이들, 또는 그렇게 주장하는 이들은 기독교가 사랑이 많으신 그리스도와 진노하시는 하나님을 말한다고 생각해왔다. 그러나 성경이 우리를 이끈다면, 그렇게 생각하지 않을 것이다. 하나님 아버지께서 그분의 아들을 보내셨다. 그리고 그 아들을 보내심으로써 하나님은 자신의 선하심과 사랑이 어떤 것인지를 우리에게 보여주셨다. 십자가에서, 주 예수님의 머리 위에 진노와 사랑이 만난다. 이 두 가지는 모두 하나님께 속한 것이다. 그러나 진노는 하나님께서 자신의 사랑을 나타내기 위한 수단으로 임했다. 진노는 그 목적을 이루기 위한 도구이다.

요한은 이렇게 쓸 수도 있었을 것이다.
"여기에 진노가 있으니…"
그러나 그렇게 쓰지 않았다.
요한은 십자가 너머, 그 뒤에 계신 하나님을 바라본다.

그리고 하나님을 바라보며 이렇게 말한다.

"여기에 사랑이 있으니… 하나님이 우리를 사랑하사, 그 아들을 보내셨도다…"

하나님의 선하심과 선교

이제 우리는 이렇게 물어야 한다.

"하나님의 선하심은 선교의 주제와 어떤 관련이 있는가?"

이 질문에 대한 답을 하기 위해 요한복음 10장 17-18절을 살펴보자.

예수님께서 이렇게 말씀하신다.

> 내가 내 목숨을 버리는 것은 그것을 내가 다시 얻기 위함이니 이로 말미암아 아버지께서 나를 사랑하시느니라 이를 내게서 빼앗는 자가 있는 것이 아니라 내가 스스로 버리노라 나는 버릴 권세도 있고 다시 얻을 권세도 있으니 이 계명은 내 아버지에게서 받았노라 하시니라 요 10:17-18

우리 대부분은 왜 하나님 아버지께서 주 예수님을 사랑하시는지를 한 문장으로 담아내려고 하지 못할 것이다. 우리 능력으로는 불가능해 보인다. 그러나 예수님은 말씀하셨다.

> *"내가 내 목숨을 버리는 것은 그것을 내가 다시 얻기 위함이니 이로 말미암아 아버지께서 나를 사랑하시느니라"* 요 10:17.

"이로 말미암아"는 하나님의 사랑과 선하심과 자비를 선교*missions*와 아주 밀접하게 연결시켜 준다. 무슨 뜻인지 생각해보자.

왜 아버지께서 주 예수님을 사랑하시는가? 그 대답은 그리스도의 죽음에 있다. 그러나 그분의 죽음 자체가 목적은 아니다. 그리스도의 죽음은 삼위 하나님께서 계획하신 바를 이루기 위한 수단이었다. 즉, 아버지께서 아들에게 주신 자들을 구원하기 위한 것이었다. 그리고 자신에게 막대한 대가가 따르는 순종을 통해, 아들은 아버지의 사랑을 불러일으켰다. 다시 말해, 아버지께서 아들을 사랑하신 이유는, 아들이 우리가 말하는 '선교적 비전*missionary vision*'을 따라 사역하고 계셨기 때문이다. 바로 그 이유로 예수님은 생명을 내어주셨다. 선교사*missionary*로서 그분은 생명을 내어주어야 했다.

그러나 반드시 말해야 할 것이 있다. 예수님은 우리가 따라갈 수 없는 방식으로 선교사역을 감당하셨다. 우리에게는 흠 없는 삶이 가능하지 않다. 우리는 인류의 죄를 짊어질 수 없다. 우리는 우리 자신을 위해서 죄사함을 살 수 없으며, 하물며 다른 이들을 위해서는 더더욱 그렇다. 이 모든 것은 진리이다. 그리고 우리는 이 사실을 결코 잊어서는 안 된다. 그러나 그것이 진리의 전부는 아니다. 더 많은 것을 말해야 한다. 그리스도의 행동 뒤에는 그분의 동기가 있었다. 그리고 우리는 그분을 따라갈 수 있다. 필요하다면 죽음에 이르기까지 따라갈 수 있다. 그분의 동기는 우리의 동기가 되어야 한다.

그리스도의 동기는 무엇이었는가? 먼저, 아버지를 향한 사랑이었다. 그리스도는 죄를 심판하시는 하나님의 정의를 경외하며, 그 정의를 찬양의 행위로 높이신다. 그분은 단순히 그 심판을 받아들이는 것에 그치지 않는다. "그 심판을 받아들인다"는 표현은 너무 소극적이다. 그리스도는 죄에 대한 심판을 스스로 짊어지신다. 그리고 그 심판을 짊어지시는 이유는, 바로 그를 심판하시는 아버지를 사랑하고 경외하시기 때문이다! 바로 여기에 우리가 영원히 경배해야 할 사랑이 있다!

우리도 주 예수님을 따라야 한다. 쏜웰*Thornwell*은 이렇게 표현했다.

> 이방인들의 실제적인 문제는, 그들이 하나님의 이름을 영화롭게 하기를 꺼린다는 것이다. … 하나님은 영화로우신 분이

> 다. 그리스도인은 이 사실을 알고 있으며, 온 세상이 이 사실을 알기를 바란다. 그의 진리를 전하고자 하는 간절함은, 그 진리를 대신하여 퍼지고 있는 거짓의 참혹함에 비례한다. … 사랑의 자발적인 명령은, 자신이 향하는 대상의 권리를 지키고 그 가치를 드러내는 데 있다.

만약 내가 그리스도 안에서 나타난 하나님의 사랑을 경외하지 않는다면, 나는 스스로를 그리스도인이라 부를 자격이 없다. '그리스도인'이라는 이름을 붙일 수는 있겠지만, 그 이름의 핵심적인 의미를 비워 버린 것이 되고, 나의 신앙 고백 또한 거짓이 된다. 차라리 그 이름을 내려놓고, 현실을 직시하는 것이 나을 것이다.

그러나 내가 하나님을 경외하는 자라면, 세상이 하나님의 영광에 무관심한 태도에 상처받을 것이다. 그것은 곧 도둑질이다. 이방인들이 하늘의 주님이 아닌 다른 존재 앞에 무릎을 꿇을 때, 그들은 하나님께만 속한 영광을 가로채고 있는 것이다. 그들이 그 영광을 우상에게 돌리는 모습을 보고도 참아낼 수 있겠는가? 결코 그럴 수 없다! 하나님의 사랑의 영광과, 그분의 모든 성품은 오직 하나님께만 속한 것이다!

그러므로 하나님의 성품, 특히 그분의 은혜와 선하심

에 대한 사랑으로 나를 움직여야 한다. 만약 사람들이 하나님을 아는 지식을 억누르는 것을 보고 마음이 아프다면, 나도 응답해야 한다. 여기까지는 분명하다. 그런데, 무엇을 해야 하는가?

내가 해야 할 일은 바로 이것이다. 구주 예수님의 자세를 따르는 것이다. 예수님은 사람들이 하나님을 버리는 죄악의 깊이를 잘 알고 계셨다. 그분은 그 죄악을 느끼셨고, 그 고통을 깊이 겪으셨다. 이것이 십자가를 설명하는 부분적인 이유이자 우리가 특히 따라야하는 부분이다. 예수님은 시편 기자의 말을 빌려 이렇게 말씀하셨다.

> "주를 비방하는 비방이 내게 미쳤나이다" 시 69:9

그 모든 고난 속에서도, 그분은 하나님의 영광에 대한 열심을 잃지 않으셨다. 그 모든 순간에도, 그분은 아버지를 예배하셨다.

예수님은 그분을 괴롭히는 자들에게 어떻게 반응하셨는가? 하늘에서 불을 내려달라고 부르짖으셨는가? 아니다! 대신 우리는 이런 예수님의 기도를 듣는다.

> "아버지 저들을 사하여 주옵소서 자기들이 하는 것을 알지 못함이니이다" 눅 23:34

냉소적인 사람은 이렇게 물을지도 모른다. "지금, 예수님의 하나님을 향한 열심은 어디에 있는가? 그들은 하나님을 미워하기 때문에 그분을 미워하는데, 예수님은 그것을 모르시는가? 아니면, 아예 관심이 없는 것인가? 만약 그분이 하나님을 사랑하신다면, 이런 악한 자들을 멸하셔야 하지 않을까?" 많은 이들은 이 지점에서 예수님을 따르지 못할 것이다. 그러나 우리는 그분을 따라야 한다. 왜냐하면 주 예수님에게 아버지의 사랑을 가장 아름답고 고귀하며 장엄하게 기념하는 방법은 바로 반역자들을 하나님과 화목하게 만드는 것이었기 때문이다. 그리고 십자가가 그 방법이었다. 십자가는 하나님의 진노가 쏟아진 자리였다! 하나님의 영광을 향한 열심이 주님께는 무엇보다 먼저였다.

예수님의 또 다른 동기는, 잃어버린 사람들에 대한 불쌍히 여김과 긍휼이었다. 우리가 그분을 따르려면, 이 동기 또한 우리의 동기가 되어야 한다. 그리고 우리가 하나님을 향한 경외심과 사람들을 향한 긍휼을 결합할 때, 우리는 예수님처럼 어떤 희생이 필요하더라도 그것을 감당하라는 부르심을 받게 될 것이다.

쏜웰*Thornwell*은 다시 이렇게 말했다.

죽음이라는 위대한 일에 부름을 받은 사람들이 게으름과 안락함을 허락받을 수 있다고 생각하는 것은 우리의 신앙 전체의 원리에 모순되는 일이다. 그들은 희생하라고 부름을 받았다. 그러므로 나는, 이 사역의 방대함과, 사용할 수 있는 수단의 상대적인 미약함, 극복해야 할 완고하고 쓰라린 편견들, 견뎌내야 할 혹독한 박해들에 대해 들을 때, 조금도 믿음이 흔들리지 않는다. 이 모든 것들, 그리고 그 외 수천 가지 방해 요소들은 교회가 반드시 주님의 발자취를 따라가야 하며, 자신의 안락함과 생명을 희생함으로써 열방을 축복해야 함을 증거할 뿐이다.

하나님의 선하심은 주 예수님을 선교의 비전과 함께 보내셨다. 그 사명을 이루기 위해 예수님은 죽으셨다. 그리고 다시, 하나님의 은혜는 이제 우리를 같은 비전을 가지고 보내신다. 우리 또한 그 길을 따르다가 죽을 수도 있다. 그러나 우리가 죽든지 살든지 그 자체는 중요하지 않다. 어떤 의미에서 우리는 이미 죽은 자이다 골 3:3. 중요한 것은, 우리가 살든지 죽든지, 주 예수님께서 우리 앞에 보여주신 길을 따라 하나님의 선하심과 기억하심에 응답해야 한다는 것이다. 우리 하나님의 그분 되심에 예배를 드리자. 죄인들을 향한 그분의 은혜와 선하심을 찬양하자. 그분의 영광을 위해 열심을 내자.

그리고 마지막으로, 예수님이 그러하셨던 것처럼, 하나님의 은혜를 가장 빛나고 영광스럽게 기념하는 방법은 하나님의 원수들이 그분의 친구들이 되도록 이끄는 것임을 확신하자. 이것은 어떤 희생을 감수하더라도 가치가 있는 목표이다. 그것은 사람들의 영원한 기쁨을 의미한다. 그 목표를 품고 죽음을 맞이하는 것 또한 참으로 의미 있는 일일 것이다.

그러나 거기서 끝나지 않는다. 세상의 반역자들이 하나님의 친구로 바뀌는 것은 결국 하나님 중심 목표이다. 그것은 단순히 사람들에게 유익을 주는 것을 넘어선다. 그들이 그리스도께 나아올 때, 그들의 마음이 변화될 것이다. 그들은 새 사람으로 거듭날 것이다.

그리고 친구로서 그들은, 원수로서는 절대 하지 않을 일을 하게 될 것이다.

그들은 무기를 내려놓고 찬양의 노래를 부를 것이다.

그들은 그들의 창조주를 예배할 것이다.

그들은 한때 멸시했던 그분을 경배할 것이다.

그들은 주님을 찬양할 것이다!

그리고 그것이 끝이 아니다.

그들은 이러한 일을 우리 없이 하지 않을 것이다.

영원토록, 그들은 우리와 함께 예배의 기쁨을 나눌 것

이다.

영원토록, 우리는 함께 고백할 것이다. 내가 이 책 전체에서 말하려고 했던 바로 그 고백으로 말이다.

우리의 하나님은 그분 자신이 누구신지 알려지고 선포되시기에 합당하신 분이다!

8장
신실하신 하나님

책 첫 부분에서 하나님의 여러 속성들에 대해 강조하려고 노력했다. 이 장은 그 마지막을 장식하게 될 것이다. 하지만 하나님에 대해 우리가 꼭 살펴보아야 할 것이 하나 더 있다. 그것은 바로 하나님의 신실하심*faithfulness*이다. 내가 복음의 유익을 누리고, 또 그것을 다른 사람들과 나누기 위해서는 꼭 의지해야 할 것이 하나 더 있다. 그것은 바로 하나님의 신실하심에 기대는 것이다.

하나님의 말씀에 신실하심

내가 어린 시절 보이스카우트였을 때, 가끔씩 스카우트가 어떤 사람인지 설명해야 했다. 그리고 그것을 설명하는 정해진 문구가 있었다.

"스카우트는 믿을 수 있고, 충성스럽고, 도움이 되며…"

그렇게 한참 동안 많은 자질들을 나열했다. 그 누구도 우리가 그런 자질을 갖추고 있지 않다고 의심해서는 안 되었다!

마지막은 늘 이렇게 끝났다.

"용감하고, 깨끗하며, 경건하다."

지금 생각해보면, 그 단어들의 순서가 특별한 의미를 가지고 있었는지 궁금하다. 아마 그렇지 않았을 것이다. 하지만 마지막에 '경건하다*reverent*'가 나온 것은, 우리가 하나님께 속한 존재라는 사실을 기억하게 하려는 의도였을지도 모르겠다.

하지만 지금 내가 주목하고 싶은 것은 바로 첫 단어다. 왜 '믿을 수 있다*trustworthy*'가 맨 앞에 나왔을까? 우연이었을 수도 있다. 이 표현을 만든 사람은 좋은 시작을 원했고, 젊은이란 어떤 존재여야 하는지 대표적으로 보여주는 단어를 찾고 싶었을 것이다. 그랬다면, 정말 좋은 선택을 한 것이다. 누군가에 대해 "그 사람은 믿을 수 있어"라고 말한다면, 그것은 내게 있어 정말 최고의 찬사다. 그 말은, 그 사람이 자기가 한 말을 반드시 지킨다는 뜻이다. 그가 한 말을 믿고 의지할 수 있다는 뜻이다.

그렇다! 우리가 하나님의 신실하심을 말할 때, 가장 먼저 의미하는 것이 바로 그것이다.

"하나님은 자신의 말씀을 지키시는 분이다."

"하나님의 말씀은 반드시 이루어진다."

하나님이 한 가지라도 자신의 약속으로 언급하신 것이 있다면, 그것이 반드시 성취될 것임을 확신할 수 있다. 하나님은 믿을 수 있는 분이다. 하나님은 신실하신 분이다. 나의 신뢰는 스스로 힘을 가지지 못한다. 하나님을 신뢰하는 것은, 그분이 신실하시기 때문이다. 나의 믿음은 하나님의 신실하심에 기댄 것이다.

이런 찬송 가사가 있다.

"그 책 속의 모든 약속은 내 것이네."

하지만 이것은 사실이 아니다. 그리고 우리는 사실이 아니라는 것에 감사해야 한다. 성경 속의 어떤 약속들은 심판의 약속이기 때문이다. 경고 또한 일종의 약속이라는 것은 알고 있다. 그러한 약속은 누구든지 피하고 싶어 하는 것이다. 올바르게 불러본다면,

"책 속의 모든 약속은 참되다."

조금 더 정확히 말하면,

"성경 속 하나님이 하신 모든 약속은 참되다."

사탄이 하와에게 말한 약속을 생각해 보라.

"너희가 결코 죽지 않고 하나님과 같이 될 것이다"

이 약속도 성경 안에 기록되어 있지만, 거짓말이었다. 그러나 하나님의 말씀은, 올바르게 이해된다면, 절대 실패하지 않는다. 그리고 그럴 수도 없다. 하나님은 자신의 약속을 반드시 이루시기로 맹세하신 분이다.

주 예수님께서 이렇게 말씀하신다.

"사람이 떡으로만 살 것이 아니요 하나님의 입으로부터 나오는 모든 말씀으로 살 것이라" 마 4:4.

예수님은 이 말씀으로 새로운 것을 말씀하신 것이 아니다. 이것은 시대를 초월한 진리다. 우리가 떡에 의존하여 육체를 유지하는 것처럼, 영혼을 지탱하기 위해서는 성경 말씀에 의존해야 한다. 영혼은 진리 없이는 살 수 없으며, 육체가 음식 없이는 살 수 없는 것과 같다.

그렇다면 우리는 어디에서 진리를 찾을 수 있는가? 누가 신실한 말을 하는가? 하나님이 그분의 말씀 안에서 그렇게 하신다! 하나님은 언제나 자신의 말씀에 신실하신 분이다.

하나님의 백성에게 신실하심

그리고 또 한 가지, 하나님은 그분의 백성에게도 신실하시다. 이것이 하나님의 신실하심이 의미하는 두 번째 중요한 점이다. 이 두 진리, 하나님이 자신의 말씀에 신실하시다는 것과 그분의 백성에게 신실하시다는 것은 서로 밀접하게 연결되어 있다. 그러나 둘 사이에는 미묘한 차이가 있다. 말씀에 대한 신실하심은 보다 일반적이지만, 백성에 대한 신실하심은 좀 더 개인적인 온기를 띤다. 예를 들어, 심판의 경고는 충분히 개인적일 수 있지만, 그것을 '터치'만짐이라고 부를 수는 없다. 오히려 그것은 따귀 같은 것이다. 그러나 하나님이 자기 백성에게 신실하시다는 것은 다정한 뉘앙스를 더해 준다. 그 뉘앙스는 다른 데서는 잘 나타나지 않을 수도 있다.

내가 말하고자 하는 것을 보여주는 이야기가 하나 있다. 이 이야기는 하나님이 자기 백성에게 신실하심을 극적으로 보여 준다. 나는 내 방식으로 이 이야기를 전하려 하지만, 다른 이의 이야기에서 온 것이다. 원작자의 이름은 알려져 있지 않다.

어떤 그리스도인이 꿈을 꾸었다. 그는 주님과 함께 해변을 걷고 있었다. 그리고 곧 그 해변이 자신의 인생의 여정을 상징하고 있다는 것을 깨달았다. 그는 모래 위에 남겨진 발자국을 바라보며, 과거의 장면들을 하나하나 떠올리기 시작했다. 멀리 모래사장을 바라보니, 자신의 발자국과 주님의 발자국, 두 줄의 발자국이 끝없이 이어져 있었다.

그런데 자세히 보니 여기저기에 발자국이 한 줄밖에 보이지 않는 곳이 있었다. 그리고 그 한 줄의 발자국은 그의 인생에서 가장 슬프고, 가장 힘들었던 순간들을 지나가고 있었다. 그는 주님을 바라보며 질문했다. "주님, 제가 주님을 오해했던 건가요? 주님은 결코 나를 버리거나 떠나지 않으시겠다고 약속하셨던 걸로 알았습니다. 하지만 저기, 발자국이 한 줄만 있는 곳들을 보세요. 왜 주님은 제가 가장 필요할 때 저를 떠나셨나요?"

잠시 동안 침묵이 흘렀다. 그는 이 질문을 꺼내기까지 큰 용기가 필요했다. 그리고 말을 마치기도 전에, 그의 눈은 땅바닥으로 떨어졌다. 처음에는 감히 주님을 쳐다보지도 못했다. 그러다 조용한 침묵 속에서, 그는 다시 용기를 얻었다. 마침내 주님을 힐끗 바라보았다. 그리고 생각지 못했던 광경을 보았다. 주님은 미소를 짓고 계셨다.

주님께서 부드럽게 말씀하셨다.

"내 아들아, 나는 너를 사랑하며, 결코 너를 떠난 적이 없단다. 그러나 네 말이 맞다. 발자국이 한 줄만 있는 곳들이 있다. 그것들은 네가 가장 힘들었던 순간들이었단다. 그래서 너의 발자국이 없는 거야. 그때는 내가 너를 안고 걸었기 때문이란다."

성경의 이야기는 아니지만, 상관없다. 이 이야기는 우리에게 성경의 진리를 가르쳐 준다. 주님께서 말씀하시지 않았는가?

> "내가 결코 너희를 버리지 아니하고 너희를 떠나지 아니하리라" 히 13:5

주님은 결코 떠나지 않으신다. 이야기가 주는 교훈은 이것이다. 하나님은 우리가 그분의 임재를 가장 느끼지 못할 때조차, 사실은 가장 가까이 계시다는 것이다. 요셉이 이것을 고백하지 않았는가? 욥도 그렇지 않은가? 그리고 당신과 나도, 영광의 자리에서 과거를 돌아볼 때 고백하지 않겠는가? 그렇다. 우리는 "예수님께서 내 길을 인도하셨다"라고 고백할 것이다. 지금 당장은 느끼지 못할 수도 있다. 그러나 그때는 반드시 알게 될 것이다. 왜냐하면 하나님은 신실하신 분이시기 때문이다.

다른 말로 표현하면, 하나님은 피곤치 않으신다는 것이다. 그분은 일하시다가 졸지 않으신다. 과장된 표현처럼 들릴 수도 있지만, 그 책임은 시편 기자에게 있다. 그는 도움을 찾아 주변을 둘러보다가 이렇게 말했다.

> 나의 도움은 천지를 지으신 여호와에게서로다 여호와께서 너를 실족하지 아니하게 하시며 너를 지키시는 이가 졸지 아니하시리로다 이스라엘을 지키시는 이는 졸지도 아니하시고 주무시지도 아니하시리로다 시 121:2-4

하나님은 자신의 뜻을 따라 일하신다. "선한 일을 행함에 지치지 말라!" 밤낮으로, 여름에도 겨울에도, 하나님의 신실하심은 그분의 백성을 향해 있다.

하나님의 목적에 신실하심

마지막으로, 하나님은 자신의 첫 목적에 신실하시다. 우주 전체와 역사 전체를 통틀어, 하나님은 자신의 영광을 추구하신다. 그분은 곁길로 빠지지 않으신다. 하나님은 반드시 자신의 영광을 나타내실 것이다. 확신해도 좋다. 이 또한 하나님의 신실하심이다.

하나님은 세상을 창조하실 때도 자신의 영광을 생각하셨다. 그렇기에 성경은 "하늘이 하나님의 영광을 선포하고"시 19:1라고 말한다. 하늘과 땅은 그렇게 하나님의 영광을 드러내도록 만들어졌다. 하나님의 창조물은 그분을 찬양하는 것을 사명으로 여긴다. 돌들은 언제든 주님의 영광을 외칠 준비가 되어 있다. 천둥은 그분의 위엄을 선포한다.

> "여호와께 그의 이름에 합당한 영광을 돌리며 거룩한 옷을 입고 여호와께 예배할지어다 여호와의 소리가 물 위에 있도다 영광의 하나님이 우렛소리를 내시니 여호와는 많은 물 위에 계시도다" 시 29:2-3

천사와 사람들은 폭풍의 위력 속에서도 창조주의 영광을 보아야 한다. 자연은 하나님을 볼 눈이 있는 자에게 하나님을 드러낸다.

또한, 하나님은 인간을 지으실 때도 자신의 영광을 생각하셨다. 이것을 명확히 아는 것이 중요하다. 어떤 사람도 그 자체로 목적이 아니다. 결코 아니다! 인간은 하나님의 영광을 위해 존재한다. 이 사실은 성경의 첫 장부터 드러난다. 인간은 하나님의 형상대로 지음받았다.

인간이 어디를 가든, 하나님의 성품을 축소판으로 나타내는 자다. 그리고 하나님의 뜻을 이루어 나갈 것이다. 아무리 "하나님은 없다!"라고 외친다 한들, 상관없다.

"사람의 제일 되는 목적은 하나님을 영화롭게 하는 것"이며, 그는 그렇게 하게 될 것이다.

물론, 하나님을 영화롭게 하는 것과 그분의 영광을 목적으로 삼는 것은 더 이상 같은 것이 아니다. 타락이 그 둘을 가르는 경계선이다. 사람이 죄를 짓기 전에는, 하나님의 영광을 목적으로 삼았다. 그러나 이제는 그렇지 않다. 그렇다고 해서, 타락이 하나님의 계획을 무너뜨린 것은 아니다. 하나님께는 원치 않는 종들도 많이 있다. 그들은 쓸모없을 뿐만 아니라 악한 자들이다. 그러나 그들 또한 하나님의 종들이다.

그리고 하나님은 자신의 영광을 위해 또 다른 것을 만드셨다. 그것은 바로 새 창조이다. 사람이 거듭날 때, 그는 새롭게 창조된다. 바울은 이렇게 말했다.

> "우리는 그가 만드신 바라 그리스도 예수 안에서 선한 일을 위하여 지으심을 받은 자니…" 엡 2:10

믿는 자들은 "첫 열매"와 같다. 이는 앞으로 올 새로운 세상에 대한 보증이며, 그곳에서 모든 것은 다시금 하나님의 영광을 추구하게 될 것이다. 당신은 그리스도인인가? 그렇다면 하나님은 당신을 새롭게 만드셨다. 그 이유는 다음 말씀에서 알 수 있다.

> "너희를 어두운 데서 불러 내어 그의 기이한 빛에 들어가게

하신 이의 아름다운 덕을 선포하게 하려 하심"이다 **벧전 2:9**

그리고 하나님은 여러분이 그렇게 하도록 마음을 주셨다. 그리스도인은 "육체에 마음"을 가지고 있다. 이는 곧 반응하는 마음, 그리고 하나님의 영광을 향해 마음이 기울어진 상태를 의미한다.

옛 창조와 새 창조는 모두 하나님을 위해 지어졌다. 그리고 이 둘은 각각 하나님의 영광을 드러낸다. 하지만 그 방식은 서로 다르고, 또한 이 땅에서는 우리가 다 이해할 수 없는 방식으로 이루어진다. 우리는 이해하지 못할 때에도 경배해야 한다. 이해는 좋은 것이다. 그것을 경시하지 않는다. 그러나 경배는 더 좋은 것이다. 그러므로 경배를 소홀히 하지 말자.

바울은 하나님에 대해 이렇게 말했다.

"이는 만물이 주에게서 나오고 주로 말미암고 주에게로 돌아감이라 그에게 영광이 세세에 있을지어다 아멘" **롬 11:36**

1) "주에게서 나오고" → 하나님은 모든 존재의 근원이시다.
2) "주로 말미암고" → 하나님은 모든 것을 유지하시는 분이다.
3) "주에게로 돌아감이라." → 모든 것은 하나님의 목적과 영

광을 위해 존재한다.

이 세 가지 진리를 받아들일 때, 우리는 하나님을 아는 길에 들어선 것이다. 그러나 그보다 더 나은 것이 있다. 우리가 바울과 함께 이렇게 고백할 때, 우리는 하나님의 지식을 향해 거대한 한 걸음을 내딛게 된다.

"그에게 영광이 세세에 있을지어다. 아멘!"

하나님의 신실하심과 선교

"하나님의 신실하심이 세계 선교와 어떤 관련이 있는가?"라는 질문은 다소 이상해 보일 수도 있다. 그러나 질문에 대한 답은 분명하다.

"상상할 수 없을 만큼 많은 방식으로 관련이 있다."

누군가는 "하나님을 이렇게 생각하면 선교와는 무관하다"라고 주장할지도 모르겠다. 그러나 나는 그런 경우를 상상할 수조차 없다. 하나님의 신실하심은 모든 것에 영향을 미친다. 우리는 선교를, "하나님은 신실하시다, 하나님은 절대적으로 신뢰할 수 있다"는 믿음 없이 생각할 수 없다. 하나님은 자신의 말씀에 신실하신가? 그렇다. 우리는 하나님이 신실하시다는 것을 안다. 이것이 바로 선교의 기초이다. 사실, 성경 자체가 주어진 것도 하나님의 선교적 비전 때문이었다. 하나님의 뜻에 따라서 인류의 타락은 그 자체로 인간의 이야기를 끝내는 사건이 될 수도 있었을 것이다. 인간은 멸망당해 마땅했다. 하나님께서 인류를 멸하셨더라면, 성경은 결코 기록되지 않았을 것이다.

그러나 하나님은 비전을 가지셨다. 선교의 비전을. 그 비전의 중심은 바로 그분의 아들을 보내시는 것이었다. 그래서 인간의 타락의 역사 첫 부분에서 하나님은 하와에게 더 나은 미래를 약속하셨다. 그녀의 후손들이 사탄의 후손들과 긴 세월 싸움을 벌일 것이었다. 그러나 그 싸움의 결말은 결코 의심할 수 없는 것이었다. "여자의 씨"가 오실 것이며, 곧 예수 그리스도께서 옛 뱀, 사탄의 머리를 박살내실 것이었다. 그리고 우리는 그 약속을 돌아보며 이렇게 말할 수 있는 기쁨을 가진다.

"하나님은 그 약속에 신실하셨다."

우리는 기독교 이전의 긴 암흑시대를 살지 않았다. 우리는 그 약속을 직접 듣지도 못했고, 믿음으로 반응할 기회도 없었다. 그 시절 우리가 그 자리에 있었다면, 아마도 믿지 못했을지도 모른다. 그러나 하나님은 신실하셨다. 하나님은 그분의 말씀 그대로 행하셨다.

수많은 세월이 흐른 뒤, 하나님은 정하신 때에 약속하

신 아들을 보내셨다. 주님이신 예수님께서 처음 제자들에게 말씀하셨다. "너희는 내 증인이 되리라." 그리고 그들은 정말로 그렇게 되었다. 주님은 그들에게 말씀하셨다. "볼지어다, 세상 끝날까지 너희와 항상 함께 있으리라." 지금도 그렇다. 우리는 다음과 같은 말씀들에서 그 증거를 발견한다.

> 하나님을 찬미하며 또 온 백성에게 칭송을 받으니 주께서 구원 받는 사람을 날마다 더하게 하시니라 **행 2:47**

> 말씀을 들은 사람 중에 믿는 자가 많으니 남자의 수가 약 오천이나 되었더라 **행 4:4**

> 믿고 주께로 나아오는 자가 더 많으니 남녀의 큰 무리더라 **행 5:14**

복음 선포가 항상 즉각적인 성공으로 이어지는 것은 아니다. 그렇게 생각하는 것은 잘못이며, 큰 낙심을 불러올 수 있다. 하지만 어떤 이들이 하나님을 예배하는 자가 되고, 예수 그리스도를 믿는 자가 될 때, 그때 우리는 그리스도께서 자신의 약속을 신실히 이루시는 분이라는 분명한 증거를 얻는 것이다.

그리고 물론, 하나님은 자기 백성에게 여전히 신실하

시다. 이것 또한 선교의 기초이다. 성공을 원하는가? 하나님은 모든 자기 백성에게 성공을 약속하신다. 그러나 그 성공은 우리의 사역의 성공을 의미하지는 않는다. 사역 가운데 우리는 "생명에 이르는 향기"일 수도 있고, "사망에 이르는 향기"일 수도 있다. 하나님은 그분의 뜻에 따라 열매를 주시기도 하고, 거두시기도 하신다. 그러나 또 다른 의미에서 우리는 반드시 성공하게 된다.

하나님은 우리의 사역보다 우리의 거룩함에 더 관심이 있으시다. 이 점을 분명히 해야 한다. 이것이 우리의 겉으로 보이는 실패들을 설명해 준다. 예수 그리스도를 믿는, 하나님이 보내신 선교사는 누구도 자신을 실패자라고 부를 권리가 없다!

이 말은, 선교사가 특별한 그리스도인이라는 뜻이 아니다. 자기 나라와 문화를 떠나 다른 나라로 간다고 해서, 머리에 후광이 생기는 것은 아니다. 사실 선교사 자신이 이 사실을 가장 잘 알고 있다. 다른 사람들이 그런 오해를 한다 해도, 선교사는 그렇게 하지 않을 것이다.

내가 말하고자 하는 것은 이것이다. 성공과 실패를 말할 때, 우리는 곧바로 그리스도인이 된다는 것이 무엇인가의 핵심으로 들어간다. 하나님은 자기 백성을 온전한 의미에서 구원하시기로 작정하셨다. 구원이란 단순히 죄인을 지옥에 가지 않게 하는 것 이상의 의미를 가진다! 신약성경은, 구원이란 무엇보다도 한 남자와 한 여자를 주 예수님처럼 새롭게 빚어내는 것임을 보여준다. 그리고 하나님은 바로 그 일을 이루시기로 작정하셨다. 바울의 말을 빌리면 "그 아들의 형상을 본받게 하기 위하여 미리 정하"심을 받았다 롬 8:29.

"하지만," 누군가 질문할 수 있다. "그렇다면 그리스도인은 자동적으로 성공한다는 뜻인가요? 성화는 자동적인 것이 아니잖아요?" 그렇다. 물론 성화는 자동적이지 않다.

하지만~.

질문 하나 하겠다. '자동적 *automatic*'이라는 말을 들을 때 어떤 이미지가 떠오르는가? 당신의 생각을 알 수 없지만, '자동적'이라는 단어는 기계와 장치의 세계를 떠오르게 한다. 자동적으로 톱니바퀴들이 맞물려 돌아가는 기계들, 차갑고, 딱딱하고, 비인격적이다. 그렇지 않은가? 분명히 비인격적, 그것이 바로 '자동적'이라는 단어가 주는 느낌이다.

그러나 성화를 말할 때 우리는 전혀 다른 세계를 다룬다. 그것은 인격적 관계의 세계다. 자동으로 돌아가는 톱니바퀴들을 내려놓아야 한다. 그런데 여기에서도 확실성은 있다. 하지만 그 확실성은 성격이 다른 종류의 확실성이다.

한 남자가 이렇게 말한다. "나는 아내가 배신하지 않을 거라고 확신해." 왜 그렇게 확신하는가? 아내를 가둬 두었기 때문인가? 반려동물처럼 목줄로 묶어 놓았기 때문인가? 이런 질문을 던지는 것 자체가 답이 된다. 이런 질문을 던지는 것 자체가 터무니없는 것이라는 답이 된다. 그 남자의 확신은 확실한 것이지만, '자동적'인 것이 아니다. 그 확신은 도덕적인 것이지, 기계적인 것이 아니다.

그리스도인도 마찬가지이다. 완벽하게 순종하지는 못하지만, 그리스도인의 특징은 하나님을 기쁘시게 하려는 데 있다. 그것이 바로 그리스도인이 어떤 사람인지를 보여 준다. 그리고 그것이 선교사가 어떤 사람인지도 보여준다. 때로는 "일보전진, 이보후퇴"일 때도 있다. 그러나 그것은 진보이지, 패배가 아니다. 그리고 그것은 하나님의 선물이다. 하나님의 신실하심이다. 그렇기에 하나님이 보내신 선교사는 "나는 실패자야"라고 말해서는 안 된다. 오히려, 모든 결점들에도 불구하고, 여전히 그는 하나님의 지속적인 작품이다.

그리고 이것이 내가 마지막으로 하고 싶은 말로 이끈다. 하나님의 가장 높은 목적은 자신의 영광을 구하는 것이다. 하나님은 그 목적에 신실하시며, 반드시 그 목적을 이루실 것이다. 그분은 곁길로 빠지지 않으신다. 선교의 사역, 구원의 사역은 바로 이 목표 위에 세워져 있다. 다음은 하나님이 이사야를 통해 하신 말씀이다.

> 땅의 모든 끝이여 내게로 돌이켜 구원을 받으라 나는 하나님이라 다른 이가 없느니라 내가 나를 두고 맹세하기를 내 입에서 공의로운 말이 나갔은즉 돌아오지 아니하나니 내게 모든 무릎이 꿇겠고 모든 혀가 맹세하리라 하였노라 사 45:22-23

연결을 주목하라. "구원을 받으라"와 "모든 무릎이 꿇을 것이다"는 연결된다. 그렇다, 구원받지 못한 자들도 무릎을 꿇게 될 것이다. 그것 또한 하나님의 영광을 드러낸다. 그분의 정의를 드러내는 것이다.

중요한 점은 이것이다. 하나님은 자신의 영광을 위해 이 세상에 오셨다. 그리고 그분은 지구 끝에서 다른 끝까지, 수많은 남자와 여자, 소년과 소녀들을 구원함으로 자신의 영광을 드러내시기로 뜻을 정하셨다. 그런데 하나님은 이 모든 일을 혼자 하시기를 기뻐하지 않으셨다. 대신에 하나님은 자신을 섬기는 남자들과 여자들로 이루어진 팀을 만드셨다. 선교사는 그 팀의 한 부분이다. 그는 어쩌면 그저 그 팀의 한 사람에 불과해 보일 수도 있다. 그러나 그는 결코 그 이하의 존재가 아니다.

    그 팀은 시대를 초월하고, 대륙을 넘어 존재한다. 어느 특정한 순간만 본다면, 우리는 그 성공에 대해 많이 말할 수 없다. 어느 곳에서는 팀원들이 부상을 당해 들것에 실려 나간다. 다른 곳에서는 적의 공격에 밀려 후퇴하기도 한다. 그것은 지금 이 순간의 현실이다. <u>특정한 순간만 본다면 그렇다.</u>

    하지만 더 넓은 관점이 있다. 그것은 바로 하나님의 팀은 반드시 승리하는 팀이라는 것이다. 후퇴나 좌절하는 순간이 올 것이다. 그러나 하나님이 하나님이신 한, 그분의 팀은 결코 패배하지 않는다. 세상에서 가장 낙담스러운 장소, 가장 실망스러운 순간에서도, 그 사명의 승리는 의심할 여지가 없다. 세상의 어떤 다른 목적에 대해 이런 말을 할 수 있는가?

    없다!
    이 땅 위에는 단 하나도 없다!

선교사는 이 세상에서 유일하게 확실한 일에 몸담은 사람이다. 용기를 내어야 한다. 그의 결단은 결코 헛되지 않는다. 그는 왕이신 주님, 승리하시는 왕을 섬기고 있기 때문이다.

하나님께서 보내신 선교사가 어디에 있든, 무엇을 하고 있든, 자신의 눈에, 세상의 눈에 얼마나 보잘것없어 보이든, 그 모든 것은 아무 의미가 없다. 그의 삶의 의미는 그런 것들에서 오지 않는다. 그의 참된 의미는 다른 곳에 있다. 그것은 그가 하나님의 종이라는 사실에 있다. 하나님은 자신의 말씀에, 자신의 백성에게, 그리고 자신의 영광에 신실하신 분이다. 그 하나님이야말로 알려지고, 섬기고, 사랑받고, 따르고, 영원히 선포되기에 합당하신 분이다. 그분의 상급 때문이 아니라, 그분 자신이 바로 우리의 상급이다. 그분은 그분 자체로 알려지고, 선포되기에 합당하시다. 그분의 신실하심이 이를 증명한다.

9장
예수 그리스도의 얼굴에 있는
하나님의 영광

    이번 장은 전환점이 될 것이다. 이 책이 끝나기 전에 다루겠다고 약속했던 두 가지 주제를 연결해 주는 장이다. 무엇을 말하는지 다시 한번 상기시켜 주겠다. 서문에서 나는 이렇게 말했다.

    1. 하나님은 그분 자신이 누구이신지 알려지고 선포되기에 합당한 분이시며, 이 사실은 선교의 동기와 메시지의 중요한 부분이라는 점과

    2. 하나님을 가장 잘 아는 사람이야말로, 하나님을 증언해야 할 가장 큰 책임이 있으며, 가장 잘 준비된 사람이라는 점이다.

지금까지 나는 첫 번째 목표에 대해 다루었다. 나는 성경이 하나님을 어떻게 계시하는지를 말하려고 애썼다. 또한 하나님의 성품이 선교에 어떤 영향을 미치는지를 보여 주려 했다. 그리고 하나님을 아는 것이야말로 그리스도인의 가장 큰 상급이라는 점을 강조하려 했다. 이것만으로도 누구에게나 충분한 선교의 동기와 메시지가 될 수 있다.

성경에서 이러한 진리들을 예증*illustration* 하는 것은 전혀 어렵지 않았다. 왜냐하면, 이런 것들이야말로 성경의 핵심 주제 중 하나이기 때문이다. 성경은 여러 의미에서 하나님의 책이다. 하나님이 성경의 저자이시기 때문에 하나님의 책이다. 그러나 성경은 또한 하나님이 누구이신지를 계시하기 때문에 하나님의 책이다. 성경으로 하나님은 자기 자신을 주셨다!

이 장에서 나는 그동안의 예증에서 나온 한 가지 중요한 점을 짚고자 한다. 지금까지 나는 하나님과 그리스도 두 분 모두에게서 예증을 찾아왔으며, 이를 통해 하나님이 어떤 분인지 전체적으로 조망하려 했다. 하지만 지금까지 주로 성부 하나님에 초점을 맞춰 설명해왔다. 예를 들어, 하나님의 주권에 대해 말할 때, 나는 주로 성부 하나님을 염두에 두었다. 물론, 그리스도의 삶에서도 하나님의 주권을 보여줄 수는 있다. 그러나 그렇게 되면 예수님의 삶에서 특정한 부분에만 초점을 맞추게 될 것이다. 예수님은 종의 모습으로 오셨다. 그는 아버지와 자신을 둘러싼 사람들을 섬기셨다. 주권은 주 예수님의 섬김과 모순되지 않지만, 그분의 순종이 훨씬 더 두드러져 보인다.

자기충족성^{self-sufficiency} 또한 마찬가지다. 예수님은 하나님으로서 자족하셨지만, 그분은 이 땅에 오실 때 그 영광을 내려놓으셨다. 그분은 우리의 본보기가 되셨다. 우리에게 필요한 것은 자족의 본보기가 아니라 예수님으로부터 성부 하나님과 성령을 의지하는 법을 배우는 것이다. 따라서 나는 하나님의 자기충족성의 예를 다른 곳에서 찾는 것이 더 좋다고 여겼고, 그렇게 했다. 그러나 그로인해 발생할 수 있는 한 가지 위험에 대해 이야기해보려고 한다.

예수님 안에 계시는 하나님

앞에서 말한 위험은 하나님을 가장 잘 아는 사람이, 곧 예수 그리스도를 가장 잘 아는 사람이라는 사실을 잊어버릴 수 있다는 데 있다. 하나님이 어떤 분이신지 연구하는 것은 좋은 일이고, 마땅히 해야 할 일이다. 그 연구는 성경 전체를 탐구하도록 이끈다. 우리는 성경의 처음부터 끝까지 주의 깊게 살펴야 한다. 그러나 그것만으로는 충분하지 않다. 우리는 하나님의 계시의 최고봉을 그분의 아들 안에서 발견하게 될 것이라는 사실을 반드시 기대해야 한다. 우리는 시선을 예수 그리스도에게 고정해야 한다.

이제 다음 내용으로는 "하나님을 가장 잘 아는 사람들"에게 말을 건네려고 한다. 그러나 그들의 정체성을 명확히 해야 한다. 그리고 우리 자신이 그들 가운데 속하기 위해 노력해야 한다. 그러기 위해서는 이제 말하려는 한 가지 유혹을 경계해야 한다.

당신이 복음주의 기독교를 둘러보고 있다고 상상해 보라. 어떤 면에서는 실망스러울 수도 있다. 그 이유 중 하나는, 우리의 하나님을 아는 지식이 매우 부족해 보인다는 점이다. 그리스도인들이 읽는 책들이 이것을 잘 보여준다. 요즘, 예언이 큰 관심사다. 인간관계에 대한 주제도 그렇다. '어떻게 적용해야 할까'에 관한 책이 많이 나오고, 대중적인 간증집도 인기가 많다. 하지만, 아더 핑크의 『하나님의 주권』*The Sovereignty of God*이나 A. W. 토저의 『하나님을 바로 알자』*The Knowledge of the Holy*를 읽은 사람은 얼마나 될까? 아마도 쉽게 찾을 수 없을 것이다!

그렇다면, 우리가 아더 핑크나 A. W. 토저의 책을 읽었거나, 비슷한 책들을 읽었다고 해서, 다른 그리스도인들을 깔보며 내려다보아야 하는가? 우리가 스스로를 "하나님을 가장 잘 아는 자들"에 속한다고 여겨야 하는가? "아니다!" 우리는 "그럴 리가 없다!"라고 대답한다. 이런 질문을 들으면 화가 날 것이다. 그러나 우리는 이 문제를 더 깊이 파고 들어가야 한다.

방금 던진 질문에는 두 가지 측면을 살펴보아야 한다. 첫째는, 내가 사용한 직설적인 표현이고, 둘째는, 그 내용이다. 그런데 이 두 가지는 전혀 다른 것이다. 우리는 "다른 사람을 깔보지 말라"는 말에 반응하는 법을 배웠다. 누군가를 "깔보며 내려다보는" 것은 절대 해서는 안 될 일이라고 배웠다. 그리고, 스스로 "하나님을 가장 잘 아는 사람"이라는 엘리트 집단의 일원이라고 여긴다면, 그렇게 하지 않고, 다른 이들이 우리를 칭찬하게 두는 것이 겸손이라고 배웠다. 이러한 두 가지 교훈은, 내 질문에 대해 거의 자동적으로 강하게 '아니오!'라는 반응을 보이도록 만든다.

그러나, 우리가 아무리 화가 나서 "아니오!"라고 말한다 해도, 내 질문의 의도를 정확하게 이해하지 못할 수도 있다.

왜 이런 일이 일어날까? 아주 간단하다! 단 하나의 진리를 깨닫지 못하기 때문이다. 그 진리는 '하나님의 영광은 예수 그리스도의 인격과 사역 안에서 가장 잘 드러난다'는 것이다.

복음주의 기독교는 더 이상 하나님에 대한 교리를 중심에 두지 않는 것이 사실이다. 그리고 그 때문에 모두가 손해를 보고 있다. 그리고 우리 일부는 다른 유혹에 빠진다. 예수 그리스도를 떠난 채, 하나님에 대해 계시된 위대한 진리들을 배우고, 예수님이야말로 하나님을 아는 열쇠라는 사실을 잊어버리는 유혹이다. 우리가 이 유혹에 휩쓸리고 있다면, 우리는 "하나님을 가장 잘 아는 자들"이 아니라, "하나님을 가장 모르는 자들"이다.

예수님은 말씀하셨다. "(너희는) 내 증인이 되리라"^{행 1:8} 그분은 결코 "너희는 나만 증언해야 하고, 성경의 다른 진리는 다 무시해도 된다"라는 뜻으로 말씀하신 것이 아니다. 우리는 복음을 전할 때 성경 전체를 탐구해야 한다. 사람들을 그리스도께 인도하려 할 때, 기분 좋게 들리는 진리든, 불편하게 들리는 진리든, 모든 진리를 전해야 한다. 그러나 우리 자신과 우리의 메시지를 위해서는 중심이 있어야 한다. 그 중심은 바로 예수 그리스도다. 그것은 단순히 하나님의 성품이 아닌, 우리 구주 안에서 계시된 하나님의 성품이다. 그것은 바로 그리스도 안에 계신 하나님이다. 다른 초점들은 우리를 자격 미달로 만든다.

성경과 예수님

적용을 위해서, 먼저, 우리는 구약성경을 미래를 조망하는 책으로 보는 법을 배워야 한다. 그런데 두 가지 방해 요소가 있는 것 같다.

첫째는, 구약성경의 방대한 분량이다. 소망의 성취^{신약}가 약속^{구약}보다 더 영광스럽다는 사실을 생각하면, 오히려 성취를 더 많은 분량으로 다뤘을 것이라 기대할 수도 있지만, 그렇지 않다.

두 번째는 구약의 미래 지향성은 종종 배경에 있다. 구약 본문은 때로 명시적이기보다 암시적이다. 본문 자체가 먼 미래를 다루지 않는 듯 보일 때에도, 그 미래 지향성은 그 본문 속에 향기처럼 스며들어 있다. 물론, 항상 그런 것은 아니다. 하나님께서 미래에 대해 말씀하고자 하실 때는 충분히 명백하게 알려주신다. 하지만 이것은 예외이지, 일반적인 규칙은 아니다.

이것을 누가복음 24장 27절을 읽을 때마다 자주 깨닫게 된다.

> "이에 모세와 모든 선지자의 글로 시작하여 모든 성경에 쓴 바 자기에 관한 것을 자세히 설명하시니라"

나는 이 말씀을 읽으면서 "그 자리에 내가 있었더라면 얼마나 좋았을까! 주님께서 뭐라고 말씀하셨을까?"하고 생각하곤 했다. 그리고 내 믿음의 초기에는 "구약성경은 주님에 관한 내용이 그렇게 많아 보이지 않는다"라고 생각하기도 했다. 나만의 경험은 아닐 것이다. 새신자라면 누구나 할 수 있는 생각이다. 그러므로 구약성경을 읽을 때 구약이 어떻게 미래를 향해 나아가고 있는지를 볼 수 있도록 애써야 한다. 무엇보다 우리는 구약에서 그리스도를 찾아야 한다.

둘째로, 우리는 그리스도를 바라보아야 하나님의 성품 중에서 우리에게 가장 중요한 측면이 무엇인지 알 수 있다. 여기서 "우리에게"라는 단어를 주목해 보라. 하나님의 본성을 분석하여 그분의 성품 중 어느 것이 더 중요하고 덜 중요한지를 구분하는 것은 인간으로서는 불가능하다. 이 일이 왜 불가능한지에는 두 가지 근거가 있다.

1. 그것은 하나님에 대한 완전한 지식을 전제한다는 것이고,
2. 또한 그것은 하나님 안에 분열이 존재한다는 암시를 포함하기 때문이다.

그러나 우리는 하나님에 대해 완전한 지식을 가지고 있지 않으며, 하나님은 분열되지 않으신 분이시다. 그러므로 우리는 그 문제를 그대로 두어야 한다.

그러나, 예수 그리스도의 삶과 죽음, 부활 안에서 우리는 하나님 성품 중에서 우리에게 가장 중요한 것이 무엇인지를 발견할 수 있다. 하나님이 어떠하신 분이신지는 그리스도 안에서 나타난다. 이사야는 남유다에 이렇게 말하였다.

"너희의 하나님을 보라!" 사 40:9

그러나 우리는 이렇게 전한다.

"우리는 … 오직 그리스도 예수의 주 되신 것…을 전파함이라" 고후 4:5

그러니 그리스도를 주목하자. 그분 안에서 하나님의 성품 중 가장 잘 드러나는 부분이 무엇인지 살펴보자. 그리고 그 부분들을 중심에 두자. 이렇게 할 때 우리는 성경적 균형 감각이 생길 것이다.

또한 우리는 신약성경에서 십자가가 차지하는 중심적인 위치를 고려해야 한다. 어떤 이유에서인지, 상처받으신 그리스도, 죽기까지 상처받으신 그리스도가 반복해서 우리 앞에 제시된다.

예수님의 말씀을 들어보자.

> 인자가 온 것은 … 자기 목숨을 많은 사람의 대속물로 주려 함이니라 **막 10:45**

> 내가 땅에서 들리면 모든 사람을 내게로 이끌겠노라 하시니 이렇게 말씀하심은 자기가 어떠한 죽음으로 죽을 것을 보이심이러라 **요 12:32-33**

바울의 말을 들어보자.

> 우리는 십자가에 못 박힌 그리스도를 전하니 **고전 1:23**

> 내가 너희 중에서 예수 그리스도와 그가 십자가에 못 박히신 것 외에는 아무 것도 알지 아니하기로 작정하였음이라 **고전 2:2**

> 그러나 내게는 우리 주 예수 그리스도의 십자가 외에 결코 자랑할 것이 없으니 그리스도로 말미암아 세상이 나를 대하여 십자가에 못 박히고 내가 또한 세상을 대하여 그러하니라 **갈 6:14**

우리는 그리스도의 희생적인 죽음이 중심에 있음을 보여주는 성경 구절을 더 많이 인용할 수도 있다. 세월이 흘렀지만 아무것도 변하지 않았다. 사탄과 그의 악한 무리들이 교회를 지치게 하고 넘어뜨리려 해도, 그들은 결코 성공할 수 없다. 왜냐하면 죽임을 당하신 어린 양이 그의 백성들과 함께 계시기 때문이다.

> 우리 형제들을 참소하던 자 곧 우리 하나님 앞에서 밤낮 참소하던 자가 쫓겨났고 또 우리 형제들이 어린 양의 피와 자기들이 증언하는 말씀으로써 그를 이겼으니 그들은 죽기까지 자기들의 생명을 아끼지 아니하였도다 계 12:10-11

그리스도의 피, 즉 그분의 희생적인 죽음은 모든 것을 결정짓는다.

십자가 - 사랑과 공의의 만남

십자가에서 우리는 하나님께서 자신의 성품 중 무엇을 가장 드러내고자 하셨는지를 배운다. 우리는 십자가를 바라보아야 한다. 신약성경은 우리를 그 자리로 이끈다. 복음서들은 예수님의 마지막 한 주간에 초점을 맞추며, 그 한 주간은 그분의 죽음이 모든 것의 배경으로 드리워져 있는 기간이다. 한 알의 밀알이 땅에 떨어져 죽어야 한다. 그것이 복음서의 메시지이다. 그리고 서신서를 읽어보면, 이 메시지를 이어받아 십자가의 의미를 풀어 준다. 하나님은 창조에서부터 십자가에 이르기까지 자신의 성품을 계시하셨다. 그러나 그 중에서도 가장 탁월하게, 가장 풍성하게 하나님의 성품이 드러난 곳은 십자가 위의 그리스도이다.

우리는 십자가에서 무엇을 보는가? 계시되신 하나님을 본다! 우리는 하나님이 인격적인 분이심을 기억해야 한다. 그분은 나누어질 수 없다. 그럼에도, 십자가에서 끊임없이 두 가지를 마주하게 된다. 그것은 바로 하나님의 사랑과 하나님의 정의이다.

무엇이 예수님을 십자가에 붙들어 두었는가? 못인가? 못은 그분의 몸무게를 지탱할 뿐이다. 예수님은 그분의 원수들과 그들의 못과 십자가를 충분히 물리칠 능력이 있으셨지만 그렇게 하지 않으셨다. 왜일까? 사랑과 정의가 그분을 붙들어 두었기 때문이다.

바울은 십자가를 사랑과 정의의 관점에서 설명한다. 로마서 3장 26절을 주목해 보라. 바울은 십자가에서의 하나님의 이유들을 이렇게 설명한다.

> (하나님께서) 자기의 의로우심을 나타내사 자기도 의로우시며 또한 예수 믿는 자를 의롭다 하려 하심이라 **롬 3:26**

즉, 하나님은 두 가지를 이루셔야 했다. 첫째, 하나님은 의로우셔야 했다. 하나님의 정의는 반드시 실행되어야 했다. 그러나 하나님은 또한 의롭다 하시는 분이 되기로 작정하셨다. 그래서 하나님은 자신의 사랑과 정의가 동시에 나타날 수 있는 길을 찾으셔야 했다. 하나님은 우리를 사랑하셔서 자신과 화목하게 만드시기로 정하셨다. 그러나 하나님은 그 일을 불의하게 이루실 만큼 자신을 무시하지 않으셨다. 십자가에 달리신 그리스도는 사랑과 정의라는 문제에서 하나님의 해결책이다. 하나님은 자신의 아들을 짓부수시고, 심지어 죽이기까지 하셔서, 의로우신 하나님이 되시고, 또한 그 아들이 죽어 구원하려 한 자들을 의롭다 하시는 하나님이 되신 것이다.

이 두 가지, 즉 사랑과 정의는 단지 아버지 하나님만의 생각이 아니었다. 예수님 자신도 동일한 생각을 품고 계셨다. 마가복음 10장 45절을 보자. 예수님은 자신의 생명을 "많은 사람의 대속물"로 내어주겠다고 말씀하신다. 교회 역사에서 이 구절은 오랜 논쟁이 있었다. 어떤 사람들은 그 대속물이 사탄에게 지불된 것이라고 주장하기도 했다. 그러나 그런 주장은 있을 수 없는 일이다. 왜냐하면 사탄은 인간에 대해 하나님이 주신 정당한 권리를 가진 자가 아니기 때문이다. 그는 불법적인 침입자^{Usurper}일 뿐이다.

대속물이 하나님께 드려졌다는 사실을 깨닫게 되면, 우리는 예수님께서 바라보신 관점에서 예수님의 죽음을 바라보게 된다. 그것은 정의의 행위이다. 그리스도는 자신의 백성들을 대신하여 자신을 내어주신다. 그분은 자신을 하나님의 정의에 내어주셨다. 그렇게 그분은 대속물이 되셨다.

예수님을 죽인 자들의 동기를 본다면, 그리스도의 죽음은 가장 극단적인 불의였다. 그들은 정의에는 아무 관심이 없었다. 단지 그분을 제거하기 원했을 뿐이다. 그분은 로마 정부와의 관계를 위협하는 존재였다. 그 때문에 그분을 죽이려 했으며, 하나님께서는 그 일을 심판하실 것이다.

그러나 하나님의 동기는 순수했다. 하나님은 그리스도의 죽음에서 정의가 실현되도록 하셨다. 하나님은 자신의 아들에게 자기 백성이 받아야 할 진노를 쏟으셨다. 왜냐하면 그분은 대신 죽으시는 대속자였기 때문이다. 이렇게 해서 하나님은 자신의 계획과 구원의 사역을 이루셨다.

"여호와께서 그에게 상함을 받게 하시기를 원하사 질고를 당

하게 하셨은즉" 이사야 53:10

이 일을 감당할 수 있는 사람은 아무도 없다. 이렇게 해서 하나님의 사랑과 정의가 서로 만났다.

"인애와 진리가 같이 만나고 의와 화평이 서로 입맞추었으며" 시편 85:10.

하나님을 아는 지식과 선교

이 세상이 필요로 하는 것은 하나님을 아는 지식이다. 이 책 첫 부분에서 다음가 같이 말했다. 하나님을 알게 되면, 두 가지 사실이 참됨을 발견하게 된다. 첫째, 그는 다른 사람들에게 하나님을 전하고 싶은 동기를 갖게 된다. 사람이 하나님을 더 알수록, 하나님이 알려지기에 합당한 분이라는 사실을 더 깊이 깨닫게 된다. 둘째, 그 사람이 하나님을 안다는 사실은 전해야 할 메시지의 상당 부분을 제공해 준다. 인생에서 가장 영광스러운 특권은 다른 이들이 하나님의 성품과 행하신 일의 모든 영광 속에서 하나님을 알도록 돕는 것이다.

이번 장에서는 주의할 점을 추가하고자 한다. 우리는 하나님을 예수 그리스도 안에서 가장 잘 알 수 있다는 사실을 잊지 말아야 한다. 사람들은 오직 "예수 그리스도의 얼굴에서" 하나님을 발견할 수 있으며, 그 외의 다른 어떤 곳에서는 하나님을 그렇게 발견할 수도 없고, 발견해서도 안 된다. 더 나아가, 하나님은 우리에게 특별히 주목해야 할 대상으로 죽으신 주 예수님을 바라보라고 하신다. 하나님의 계시의 최정점은 십자가다. 즉, 그리스도의 희생적인 죽음이다. 바로 이 십자가에서 우리는 하나님께서 우리가 반드시 보기를 원하시는 것들을 명백히 볼 수 있다. 그것은 바로 하나님의 사랑과 하나님의 정의이다. 이 두 가지가 그리스도의 죽음에서 서로 만나고 있다.

그렇다면 이제 무엇을 해야 할까? 이것이 나머지 부분에서 다루게 될 질문이다. 만약 배워야 한다고 생각하는 모든 것을 정말 배웠다면, 우리는 무엇을 해야 하는가?

한 친구가 나에게 이렇게 말한 적이 있다. "무엇이든 충분히 알게 되면 흥미로워진다." 세월이 흐르며 나는 그의 말에 동의하게 되었다. 가장 지루해 보이는 주제도 그 주제의 속속들이 알게 되면 매혹적으로 느껴질 수 있다. 그러나 여기에 위험이 있다.

하나님을 아는 지식은 우리의 관심을 끄는 주제들 중 가장 깊은 주제이다. 그 지식을 붙잡기 시작했는가? 모든 참된 그리스도인들은 그 지식을 조금씩이라도 붙잡기 시작했으며, 어떤 이들은 다른 이들보다 훨씬 더 깊이 붙잡았을 수 있다. 그러나 우리는 그 지식을 단순히 기쁨의 원천으로만 취급해서는 안 된다. 우리는 그 지식으로 무언가 움직여야 한다.

우리는 하나님을 알고서 그분을 선포한 사람들의 행적을 따라가야 한다. 이것이 우리의 사명이다. 그리고 이것은 또 다른 기쁨이기도 하다. 이 지식은 모든 지식과 마찬가지로 나눌 때 가장 큰 기쁨을 준다. 그리고 다른 어떤 지식과는 다르게, 죄로 병든 세상에 생명과 치유를 가져온다. 하나님의 영광을 전파하는 것은 그리스도인의 영광이다. 하나님은 이 일을 위해 우리를 창조하셨다. 그러니 우리 모두 일어나서 힘을 다하여 이 일을 행하자!

10장
하나님의 영광과 인간의 필요

때때로 내가 이 책에서 말하는 것에 이의를 제기하는 친구를 만나곤 한다. 그는 이렇게 말한다. "당신이 하는 말도 좋고, 하나님에 대한 모든 이야기들도 좋은데, 솔직히 나는 좀 더 현실적이고 실질적인 것을 원해. 신학 공부는 충분히 할 수 있는 시간이 영원히 있을 테니까, 지금은 그냥 그리스도인의 삶을 살아가는 일에 집중해야 하지 않겠어? 그게 결국 핵심 아닌가?"

어떤 면에서 그 친구의 말에 전적으로 동의한다. 그가 말한 '그리스도인의 삶을 살아가는 일'에 대한 강조를 크게 환영한다. 그것이 바로 기독교의 본질이다. 그리고 선교 Missions 역시 그 삶의 일부이다. 나와 여러분은 그 사실을 단 한순간도 잊어서는 안 된다.

그러나 '그리스도인의 삶을 살아가는 일'의 첫 번째 일이 무엇인가를 묻자, 성경은 내게 뜻밖의 대답을 준다. 만약 '첫 번째 일'을 시간적 순서의 첫 번째라고 묻는다면, 성경은 내게 "그리스도를 신뢰해야 한다"라고 말한다. 내 자신의 행동이 아니라 그분의 행동에 의존해야 한다는 것이다. 그것이 모든 것보다 먼저 해야 할 일이다.

그러나 만약 '중요성의 순서'의 의미로 '첫 번째 일'을 묻는다면, 성경은 내게 이렇게 말한다.

> "네 마음을 다하고 목숨을 다하고 뜻을 다하여 주 너의 하나님을 사랑하라 하셨으니 이것이 크고 첫째 되는 계명이요"
> 마 22:37-38

나는 앞의 대답들을 뜻밖의 대답이라고 불렀다. 왜 그런지 설명하려고 한다.

이 대답들은 전혀 '실질적'이지 않다. '실질적'이라는 단어에 따옴표를 붙인 것을 주목해 달라. 나는 오히려 이 대답들이 엄청나게 실질적이라고 생각한다. 조금 더 나아가서, 이 대답들이야말로 모든 답변 중에서 가장 실질적인 답변이라고 말할 수도 있다. 그러나 아마도 이 대답들은 내 친구가 염두에 두었던 것과는 조금 다른 것일 것이다. 그에게는 조금 이상하게 들렸을 것이다.

그는 행동*action*을 생각하고 있었고, 이 성경 구절들은 태도*attitude*를 말하고 있기 때문이다. 그는 수평적인 차원, 즉 사람들과의 관계 속에서 우리가 무엇을 해야 하는지에 대해 생각하고 있었고, 성경은 수직적인 차원, 즉 그리스도와 하나님 앞에서의 우리의 자세를 다루고 있다.

사람들은 믿는 것과 행동 사이에 아주 밀접한 연관이 있다는 사실을 종종 잊어버린다. 그래서 그들은 신학에 대해 조급해지고, 교리를 넘어서려는 마음을 품는다. 어떤 면에서는 그들이 옳은 것처럼 보인다. 만일 우리의 머릿속이 경건한 삶으로 나타나지 않는 신학으로 가득 차 있다면, 그들이 우리를 향해 고개를 절레절레 흔드는 것도 당연한 일이다. 그들이 문제 삼는 것은 우리의 행동일 것이다. 그들은 우리의 교리를 볼 수 없다. 그들이 볼 수 있는 것은 우리의 삶이다.

하지만 그럼에도, 교리에서 행동으로, 생각에서 말과 행실로 이어지는 직선의 연결고리가 있다는 것은 부인할 수 없다. 주 예수님께서 이렇게 말씀하셨다.

> 이는 마음에 가득한 것을 입으로 말함이라 선한 사람은 그 쌓은 선에서 선한 것을 내고 악한 사람은 그 쌓은 악에서 악한 것을 내느니라 마 12:34-35

마음은 무엇인가? 마음은 내면의 사람으로서, 생각과 의도, 동기를 담고 있다. 마음은 선한 보화이거나, 악한 보화이다. 어떤 쪽이든 숨길 수 없다. 마음은 삶으로 넘쳐 흐른다. 하나님과 다른 모든 것에 대한 생각은 행동으로 분출된다. 하나님의 지혜로운 생각들로 마음을 채우는 것이 세상에서 가장 중요하고, 가장 실질적인 일이다.

우리에게 필요한 균형

지금 내 앞에는 찬송가가 펼쳐져 있다. 조금 전 나는 찬송가를 가져오기 위해 집 아래층으로 내려갔다. 최근에 일어났던 어떤 일이 떠올랐기 때문이다. 나는 교회에 있었다. 강단에는 필리핀에서 오신 유명한 목사님이 서 계셨다. 그의 설교 주제는 그의 동포들이 처한 절박한 필요였다. 그는 그들의 곤경을 명료하고도 감동적으로 묘사했다. 많은 동포들이 그리스도의 구원의 능력을 전혀 모르고 있었다. 우리 모두는 마음이 움직였다. 적어도 나는 그렇게 믿는다.

예배를 마칠 시간이 되었다. 나는 담임목사님이 선택한 마침 찬송이 얼마나 기뻤는지 기억난다. 하지만 그 찬송의 제목은 기억나지 않는다. 다만, 그 페이지에 찬송이 두 곡 있었고, 두 곡 모두 그리스도를 전하는 중요성을 노래하고 있었음을 기억할 뿐이다. 물론, 선교 내용을 주제로 하는 모든 찬송은 그리스도를 전하는 것을 강조한다. 그러나 이 찬송들은 다른 점을 강조하고 있었다. 그것은 이 책이 말하고자 하는 핵심을 강조한다. 바로, 하나님과 그리스도는 그분의 존재 자체로 선포될 가치가 있는 분이라는 것이다.

우리가 부른 찬송은 "참 놀랍도다 주 크신 이름"이었고 그 아래 찬송은 "만 입이 내게 있으면"이었다. 두 곡 모두 찬송가의 거장, 찰스 웨슬리의 작품이었다. 둘 다 '경배 찬송'으로 분류되어 있었다. 정말로 경배의 찬송이다!

내가 기뻤던 이유는 바로 이것이다. 우리가 부른 찬송은 들었던 설교에 필요한 균형을 더해주었다. 그렇다! 사람들은 필요를 느낀다. 그렇다! 그들은 그리스도 없이는 멸망할 수밖에 없다. 이 진리들을 결코 잊어서는 안 된다. 그리고 우리는 이 진리들을 강조해야 한다. 그러나 나에게 보이는 위험은 다른 방향에 있다. 그것은 사람에 대한 열심 속에서 하나님을 잊는 것이다. 내가 언급한 두 찬송은 단순히 찬양의 찬송이 아니다. 찬양은 주로 하나님께 향하지만, 이 찬송들은 사람들에게 말을 건다. 첫 번째 찬송에서 찰스 웨슬리는 하나님과 그리스도의 영광을 선포하라고 우리에게 권면한다. 두 번째 찬송에서는 그가 스스로에게 권면한다! 그리고 자신의 '은혜로우신 주님'께 '땅 끝까지 주님의 이름의 영광을 전하도록' 도와달라고 요청한다.

나는 이것이 현대 복음주의에서 사라져가는 중요한 특성이라고 생각한다. 이런 말을 하는 것이 얼마나 쉽고, 값싼 비판이 될 수 있는지는 잘 알고 있다. 그럼에도 나는 이 말이 사실이라고 믿는다. 내가 비판하는 이 문제의 예로 나 자신을 들 수도 있을 것이다. 수년 동안 나는 여러 번, 선교 헌신 설교를 해왔다. 그런데 지금까지도 나는 그리스도를 알리는 특권에 대해 말하는 것보다 사람들의 필요에 대해 말하는 것이 더 쉽다고 느낀다. 그리고 나는 그리스도를 강조하는 것이 얼마나 필요한지 잘 알고 있는 사람이다. 내 머릿속으로는 무엇을 해야 하는지 알고 있으면서도 실제로는 그 일을 하지 못할 때가 많다. 왜 그럴까? 내 죄성 때문이라는 것을 분명히 알고 있다. 그러나 그 이상의 이유를 묻지 않을 수 없다. 나는 스스로에게 이런 질문을 한다. 나는 내 기독교 문화의 산물이지 않을까? 나는 우리 복음주의 '분위기'에 의해 형성된 것은 아닐까?

그리스도를 위해, 그분의 이름을 알리기 위해 숨이 차도록 열망하는 선교 후보자들은 어디에 있는가? 그런 사람들이 있기는 한 것인가? 반드시 있어야만 한다. 왜냐하면 그런 선교 후보자들은 그리스도인이고, 그리스도인이라면 누구나 자신의 구주를 알리고 싶어 해야 하기 때문이다. 그런데도 여전히 질문이 남는다. 왜 우리는 그리스도를 알리고자 하는 이런 열망에 대한 이야기는 거의 듣지 못하고, 사람들의 필요에 대한 이야기만 많이 듣는 것일까?

아마도 이런 고민을 더 잘 이해하기 위해서는 과거를 돌아보아야 할 것이다. 그리고 이 문제와 관련하여 과거의 가장 중요한 문서는 신약성경이다. 신약성경은 무엇을 말하고 있는가? 이것이 우리가 가장 먼저 던져야 할 질문이다.

선교의 최우선 목적

신약성경은 사람들의 필요에 대한 깊은 인식을 보여 준다. 주 예수님은 잃어버린 자들을 향한 긍휼의 모범을 보이신다. 그분은 대중의 필요를 깊이 느끼셨다. 그분은 사람들의 육체적 필요를 도우셨다. 오천 명을 먹이셨고, 또 사천 명을 먹이셨다. 그러나 그 모든 것 위에, 예수님은 사람들의 영적 필요를 도우셨다. 그분은 진리를 가르치셨다. 자신이 하나님께 가는 길이라고 가르치셨다. 마침내 그분은 필요한 자들을 위해 죽으셨다. 이 모든 것은 사실이며, 매우 중요한 일이다.

놀랍게도 우리는 '지상명령'*Great Commission*을 읽을 때 놀라움을 금치 못한다! 복음서마다 예수님이 제자들을 세상으로 보내신다고 말한다. 사도행전도 주 예수님께서 그들을 부르셨다는 것을 증언한다. 그러나 우리가 '지상명령'

이라고 부르는 여러 본문은 사람들의 필요에 대해 거의 아무 말도 하지 않는다. 마태복음에서 예수님이 하신 말씀을 들어보라.

> 예수께서 나아와 말씀하여 이르시되 하늘과 땅의 모든 권세를 내게 주셨으니 그러므로 너희는 가서 모든 민족을 제자로 삼아 아버지와 아들과 성령의 이름으로 세례를 베풀고 내가 너희에게 분부한 모든 것을 가르쳐 지키게 하라 볼지어다 내가 세상 끝날까지 너희와 항상 함께 있으리라 하시니라 **마 28:18-20**

사람들의 필요가 중요하지 않다는 뜻은 아니다. 그러나 이 말씀은 다른 관점이다. 다시 한번 주 예수님의 말씀을 들어보라.

> 오직 성령이 너희에게 임하시면 너희가 권능을 받고 예루살렘과 온 유대와 사마리아와 땅 끝까지 이르러 내 증인이 되리라 하시니라 **행 1:8**

여기서도 동일한 관점이 나타난다. 이러한 말씀들을 어떻게 설명할 수 있을까? 이 말씀은 왕의 말씀이다. 왕권의 언어다. 주님께서 자신의 위엄과 지위를 자각하신 모습을 보여준다. 우리는 두 가지 방식에서 이를 볼 수 있다.

1. 주님은 자기 백성에게 명령하신다. "가라"는 선택 사항이 아니다. 왕이 명령하신다. 우리는 순종해야 한다.

2. 이 사명은 더 많은 백성을 만들기 위한 것이다. 주 그리스도께서는 사실상 이렇게 말씀하신다. "내가 누구인지 그들에게 알리라! 그리고 그들이 나에게 복종하도록 알리라! 내가 너희에게 명령한 모든 것을 그들도 행하도록 알리라!" 누가복음만이 그들이 받을 혜택을 언급한다. 누가복음 24:47에서 주 예수님께서는 "죄 사함"을 약속하신다. 그 외의 모든 복음서에는 사람들의 유익에 대한 언급이 전혀 없다. 왕께서 말씀하신다. 사람들이 들어야 한다! 사람들의 필요가 중요하지 않다는 것은 아니다. 그러나 주님의 생각에는 그것이 첫째가 아니다.

잠시 후 사도들이 이러한 사실들에 어떻게 반응했는지, 예수님을 어떻게 이해했는지 살펴보려고 한다. 그러나 먼저 한 가지 가능한 반론을 살펴보고자 한다. "사람들의 필요에 대해 낮춰 말하는 것이야 좋지만, 사실은 사람들이 필요하지 않았다면, 그리스도께서 오실 이유도 없었다. 사람들이 필요하지 않았다면, 예수님께서 죽으실 이유도 없었다. 사람들이 필요하지 않았다면, '지상명령'도 존재하지 않았을 것이다! 결국 모든 것은 하나로 귀결된다. 인간의 필요가 모든 것의 이유라는 것이다. 그러므로 사람들의 필요는 복음을 전해야 하는 주된 동기이다. 그리고 그것이 바로 복음의 핵심이다. 우리는 사람들에게 그리스도께서 그들의 필요를 채워주실 것이라는 사실을 알려야 한다."라고 말할지도 모른다.

    이런 생각이 오늘날 우리가 듣는 많은 설교의 바탕에 깔려 있는 듯하다. 그렇지 않다면 왜 선교 헌신 설교에서 그렇게도 사람들의 필요를 강조하는가? 왜 그리스도의 위대함에 대해서는 거의 언급하지 않는가? 왜 나 자신조차도 선교 헌신 설교에서 하나님과 그리스도를 우선적으로 말하는 것이 그렇게도 어려운가? 그 진리를 제대로 깨닫지 못했기 때문은 아닌가? 이 질문들에 대해서 우리 스스로 대답해야 한다. 하나님께서 우리를 도우시길 바란다!

    그러나 이 반론은 한 가지 중요한 점을 놓치고 있다. 죄 많은 사람들의 필요가 이야기의 전부가 될 수 없다는 것이다. 왜 그럴까? 왜냐하면 죄 많은 사람들이 존재하지 않을 수도 있었기 때문이다! 하나님은 그러한 사람들이 존재하지 않는 세상을 지으실 수도 있으셨다. 물론 이 문제를 신중하게 다루어야 한다. 하나님께서 죄를 허락하신 모든 이유를 우리는 알지 못한다. 어쩌면 우리는 그 이유의 백만

분의 일도 알지 못할지도 모른다. 그러나 한 가지는 분명히 안다. 죄는 하나님을 놀라게 하지 않았다. 모든 것을 아시는 하나님께서는 새로운 사실을 배우신 적이 없다. 하나님은 사람을 창조하시기 전에도 모든 것을 알고 계셨다. 그분은 죄의 들어옴을 미리 아셨다. 그런데도 하나님은 인간을 창조하셨다.

"왜?"라고 묻는다면, 우리는 우리의 무지를 우리의 지식에 대조해서 균형 있게 보아야 한다. 바울의 인도를 받으려한다. 두 부분으로 나누어 보겠다.

두 구절은 모두 로마서 11장이다.

우리의 무지	우리의 지식
깊도다 하나님의 지혜와 지식의 풍성함이여, 그의 판단은 헤아리지 못할 것이며 그의 길은 찾지 못할 것이로다 (33절)	이는 만물이 주에게서 나오고 주로 말미암고 주에게로 돌아감이라 그에게 영광이 세세에 있을지어다 아멘 (36절)

33절에서 바울은 이렇게 말한다. 우리가 아는 것은 너무나 적다! 하나님의 길은 우리 이해의 범위를 넘어선다. 감히 그것을 헤아릴 수도, 찾을 수도 없다. 우리는 그저 인간일 뿐이다.

그러나 바울은 그것만 말하지 않는다. 우리가 알 수 있는 것도 있다. 하나님이 우리에게 알려주신 것을 알 수 있다. 그리고 하나님은 바울을 통해 우리에게 말씀하신다. 모든 것은 하나님의 목적에 일하고, 하나님의 영광을 위해 존재한다는 것이다. 모든 것의 바탕에는 하나님의 영광이 있다. 언제나, 어디서나, 하나님은 그분의 영광을 나타내셔야 한다. 이는 선교에서도, 다른 모든 것에서도 마찬가지이다. 이것이 바로 하나님께서 교회를 세우시는 이유이다. 바울은 이를 다시 이렇게 표현한다.

> 교회 안에서와 그리스도 예수 안에서 영광이 대대로 영원무궁하기를 원하노라 아멘 엡 3:21

> 그런즉 너희가 먹든지 마시든지 무엇을 하든지 다 하나님의 영광을 위하여 하라 고전 10:31

물론, 그렇다고 해서 사람들의 필요를 잊어야 한다는 말은 전혀 아니다. 하지만 이 사실은 그 필요를 올바른 위치에 두도록 한다. 사람들의 필요는 첫 번째가 아니다. 우리의 첫 번째 목표는 언제나 동일하다. 우리는 하나님께 찬양을 돌리는 것을 추구한다. 그것이야말로, 무엇보다도, 선교의 목적이다.

사도들의 복음 전파 이유

사도들은 당연히 최초의 기독교 선교사였다. 사도행전은 그들의 사역을 기록하고 있다. 지금까지 말한 내용이 사실이라면, 그들은 자신들의 설교와 가르침을 통해 그것을 드러낼 것이다. 그것이야말로 진정한 시금석이다. 우리는 그들의 동기를 살펴보아야 한다. 그리고 무엇을 말했는지도 살펴보아야 한다.

예수님께서 그들에게 주신 명령은 이미 살펴보았다. 그들은 그분에 대해 말해야 했다 참조. 행 1:8. 그들은 그것을 이해했을까? 그리스도께서 무엇을 원하시는지 알았을까? 그 첫 번째 단서는 사도행전 1장에서 찾을 수 있다. 베드로는 유다의 자리를 대신할 사람을 찾아야 한다고 말한다. 왜 그럴까? 베드로의 말을 들어보자.

> 항상 우리와 함께 다니던 사람 중에 하나를 세워 우리와 더불어 예수께서 부활하심을 증언할 사람이 되게 하여야 하리라 하거늘 행 1:22

베드로는 사람들이 필요하다는 사실을 알고 있었다. 그러나 베드로는 그것을 말하지 않고 부활을 언급한다. 즉, 그는 그리스도에 관한 사실을 말하고 있다. 그는 예수님께서 자신과 다른 사도들을 파송하실 때 사용하셨던 동일한 관점으로 생각하고 있다.

사도행전 2장의 베드로의 설교에서도 같은 이해가 나타난다. 그는 무엇을 설교했는가? 하나님과 그리스도를 설교했다! 듣는 사람들을 언급하긴 했지만, 잠깐이었다. 베드로는 제자들이 술에 취했다고 생각하는 것이 잘못이라고 말한다^{행 1:15}. 이어서 그는 그들이 알고 있는 몇 가지 사실을 상기시키고^{행 1:22, 2}, 그들의 악함을 지적한다^{행 1:23}. 그러나 이런 것들은 설교의 핵심이 아니다. 핵심은 그리스도다. 더 확장해서 말하면, 하나님과 그리스도와 성령이다. 베드로는 이렇게 말하는 셈이다. "하나님께서 그리스도를 보내셨고, 그리스도께서 성령을 보내셨다. 그래서 여러분이 지금 보고 듣는 이 일이 일어난 것이다."

그리고 나서 베드로는 절정에 이르러, 다시 한번 듣는 사람들을 언급한다.

> 그런즉 이스라엘 온 집은 확실히 알지니 너희가 십자가에 못 박은 이 예수를 하나님이 주와 그리스도가 되게 하셨느니라 하니라 ^{행 2:36}

베드로가 청중을 중요하게 생각하지 않은 것이 아니

다. 그는 분명히 그들을 돕기를 간절히 원했을 것이다. 그러나 그 관심보다 가장 먼저 그리스도를 말해야 했다. 그리고 청중들은 "이것이 나에게 어떤 유익이 있는가?"라고 물을 수 없었다. 그들은 예수님께서 주님이시라는 사실을 알아야 했고, 그에 따라 행동해야 했다! 그들이 마음에 찔려 "우리가 어찌할꼬?"라고 외친 것도 당연한 일이었다[행 2:37]. 그들은 하나님께서 행복하게 해 주시려고 말씀을 보내셨다는 말을 들은 것이 아니었다. 그들은 자신들이 모욕한 왕 앞에 서 있다는 사실을 들었다. 이것이 바로 하나님 중심의 설교였다. 베드로는 하나님께서 누구신지에 따라 알려지고 선포되실 가치가 있는 분이라는 사실을 선포했다.

이러한 강조는 계속된다. 사도행전 4장에서 베드로와 요한이 체포되었을 때 그들이 한 일을 보라. 그들의 메시지는 온통 예수 그리스도였다. 베드로의 말을 들어 보자.

> 백성의 관리들과 장로들아 만일 병자에게 행한 착한 일에 대하여 이 사람이 어떻게 구원을 받았느냐고 오늘 우리에게 질문한다면 너희와 모든 이스라엘 백성들은 알라 너희가 십자가에 못 박고 하나님이 죽은 자 가운데서 살리신 나사렛 예수 그리스도의 이름으로 이 사람이 건강하게 되어 너희 앞에 섰느니라
>
> 이 예수는 너희 건축자들의 버린 돌로서 집 모퉁이의 머릿돌

이 되었느니라 다른 이로써는 구원을 받을 수 없나니 천하 사람 중에 구원을 받을 만한 다른 이름을 우리에게 주신 일이 없음이라 하였더라 ^{행 4:8-12}

우리는 이 말씀을 2,000년이 지난 오늘 읽는다. 베드로가 처음 의도했던 날카로움을 전달하지 못할 수도 있다. "구원"이라는 단어를 생각해 보자. "구원"이라는 단어가 주는 즐거운 생각이 자연스럽게 떠오른다. "구원을 받는다"는 것은 복음의 모든 유익을 누리는 것을 의미한다.

그러나 그 당시의 종교 지도자들의 입장에서 다시 들어 보고, 다시 생각해 보라. 베드로는 이렇게 말한다. "너희가 예수를 버렸다! 바로 너희가! 그런 너희가 저지른 일의 결과에서 어떻게 구원을 받을 수 있겠는가? 내가 알려 주겠다. 바로 그 예수로부터 구원을 받아야 한다! 예수 그리스도 외에는 구원받을 방법이 없다!" 여기에는 평화나 기쁨에 대한 말이 없다! 그들은 하나님을 모욕했고, 반드시 바로잡아야 한다. 그리고 오직 예수 그리스도만이 그 일을 하실 수 있다.

그렇다면, 왜 베드로와 요한은 이렇게 말하는가? 종교 지도자들이 그들에게 설교하지 말라고 명령했을 때, 그들은 이렇게 말했다.

> 하나님 앞에서 너희의 말을 듣는 것이 하나님의 말씀을 듣는 것보다 옳은가 판단하라 우리는 보고 들은 것을 말하지 아니할 수 없다 하니 ^{행 4:19-20}

여기 그들의 사명이 있다. 그들은 그 사명을 반드시 이행할 것이다. 그 사명은 그들의 필요보다 우선된다. 그들은 자신들이 그리스도에 관해 보고 들은 것을 반드시 전해야 한다. 어떤 대가를 치르더라도 주저할 수 없다. 그래서 그들은 이렇게 기도한다.

> 주여 이제도 그들의 위협함을 굽어보시옵고 또 종들로 하여금 담대히 하나님의 말씀을 전하게 하여 주시오며 ^{행 4:29}

그들은 자신들의 연약함을 잘 알고 있다. 그리고 그 연약함으로부터 보호해 달라고 기도한다. 다른 것은 중요하지 않다. 그들은 담대하게 하나님의 말씀을 전해야만 한다. 그렇다면 그 말씀이 무엇인가? 누가는 33절에서 우리에게 알려 준다.

> 사도들이 큰 권능으로 주 예수의 부활을 증언하니 ^{행 4:33}

하나님께서 그들의 기도에 응답하셨을 때, 그들은 그

리스도에 대해 말했다. 그들은 사람들에게 자신들의 메시지가 필요하다는 것을 알고 있었다. 그러나 그 필요가 가장 중요한 동기는 아니었다. 그들의 모든 태도는 이렇게 말하는 것 같다. "우리는 명령을 받았다!" 복음은 그들에게 전해졌다. 그들은 반드시 그것을 전해야만 했다. 그것이 그들의 첫 번째 관심사였다. 그들은 후에 바울이 말했던 것처럼 말할 수도 있었을 것이다.

> 내가 복음을 전할지라도 자랑할 것이 없음은 내가 부득불 할 일임이라 만일 복음을 전하지 아니하면 내게 화가 있을 것이로다 고전 9:16

사람들을 소홀히 할 수는 없지만, 복음을 전하는 첫 번째 이유는 하나님이다. 최고로 알려질 가치가 있으신 하나님께서 그들을 보내셨기 때문이다.

하나님 중심은 인간의 필요를 포함한다

그러나 나는 다른 점을 강조하려 한다. 사도들이 복음을 전한 첫 번째 이유는 하나님이라는 나의 말을 오해하지 않기를 바란다. 여기서 '첫 번째'라는 말은 '유일한'이라는 뜻은 아니다. 둘 사이에는 큰 차이가 있으며, 이 점을 간과해서는 안 된다. 하나님 중심적인 태도가 사람들의 필요를 무시하는 것일 수 있을까? 결코 그렇지 않다. 그런 생각은 절대 마음에 가져서는 안 된다. 두 가지 이유를 들 수 있다. 첫째, 하나님 중심적이 된다는 것은, 부분적으로 하나님의 생각을 우리의 생각으로 삼는 것을 의미한다. 예를 들어, 하나님이 '내 생각은 너희의 생각과 다르다'라고 말씀하실 때, 그것에만 안주해서는 안 된다. 가능한 한 하나님의 생각을 받아들여야 한다. 하나님께서 '오라, 우리가 서로 변론하자'라고 말씀하실 때, 그것은 하나님께서 우리를 하나님의 생각으로 이끄시기 위함이다. 신약 성경의 표현을 빌리면, 우리는 가능한 모든 일에, 모든 면에서 '그리스도의 마음*mind of Christ*'을 가져야 한다.

그렇다면 하나님은 인간의 필요에 대해 어떻게 생각하실까? 그 답을 의심할 그리스도인은 없다. 하나님은 고통받는 자들, 불쌍한 죄인들에게 지극히 큰 관심을 가지신다. 그분은 그들을 위해 자신의 아들을 보내어 죽게 하셨다. 십자가에서 하나님의 마음은 가난하고 고통받는 죄인들을 향한 그분의 마음이 완전히 드러났다. 하나님 중심적이 된다는 것은 바로 이러한 하나님의 긍휼의 마음을 품는 것이다.

또한 다른 한 가지 사실을 기억해야 한다. 우리를 구원하시고 우리를 잃어버린 자들에게 보내신 그 동일한 하나님께서 그 이상을 행하셨다. 하나님은 우리에게 우리의 이웃을 우리 자신처럼 사랑하라고 명령하셨으며, 또한 '말과 혀로만 사랑하지 말고 행함과 진실함으로 하자' 요일 3:18라고 말씀하셨다. 말로만 사랑을 고백하는 것은 쉽다. 말은 쉽다는 것은 이미 모두가 알고 있다. 그러나 하나님께서 친히 우리에게 본을 보이셨다. 요한의 말을 다시 들어 보자.

> 사랑은 여기 있으니 우리가 하나님을 사랑한 것이 아니요 하나님이 우리를 사랑하사 우리 죄를 속하기 위하여 화목제물로 그 아들을 보내셨음이라 요일 4:10

하나님의 인간에 대한 사랑이 그리스도를 십자가로 보내셨다. 이것이 우리의 본보기이며, 우리의 모범이다. 그리고 이것은 사도들이 따랐던 본보기이다. 내가 앞에서 말한 모든 내용은 결코 이 사실을 부정하려는 것이 아니다. 우리가 이웃을 사랑하여 그들에게 복음을 전하기 위해 생명을 바치는 데까지 이른다면, 그때 우리는 그들에게 빚진 사랑을 다 갚은 것이다. 그때까지 우리의 의무는 분명하다. 우리의 마음은 죽어가는 사람들의 죄의 짐을 향해 애타게 갈망하고 눈물을 흘리며 그 갈망과 눈물은 반드시 행동으로 옮겨져야 한다. 그때에야 비로소 우리의 삶은 온전히 하나님 중심적인 삶이 될 것이다.

11장

하나님 앞에서 살아간
데이빗 브레이너드

시작에서 두 가지를 말했다. 첫째, 하나님 그분이 누구신지를 아는 것과 그분이 선포받기에 합당한 분이라는 사실을 보여주려 했다. 이 사실을 부정하려는 사람은 없을 것이라 생각한다. 그러나 이 사실을 결코 잊을 수 없는 방식으로 마음에 새기고 싶었다.

이제 두 번째로 넘어가면서 여러분에게 동기를 부여하고 싶다. 마음을 움직이고 싶다. 나는 "하나님을 가장 많이 아는 사람이야말로 그분을 전해야 할 가장 큰 책임이 있으며, 또한 그분을 전하기에 가장 잘 준비된 사람이다"라고 말했다. 이 진리를 결코 잊지 않기를 간절히 바란다. 하나님을 아는 만큼, 바로 그만큼 하나님을 알려야 한다. 하나님은 여전히 세상의 많은 지역에서 거의 알려지지 않고 계신다.

이 사실이 여러분의 마음을 움직이지 않는가? 여러분은 많은 사람들보다 하나님을 더 많이 아는 사람이다. 그럼에도 여전히 무관심한가? 그렇지 않으리라고 믿는다. 그렇지 않기를 간절히 바라며 진심으로 소망한다.

요즘 우리는 본보기를 따르는 것에 대해 많은 이야기를 듣는다. 그런 점을 염두에 두고 마지막 장들을 쓰려고 한다. 여러분과 나 스스로에게 하나님을 알리라고 반복적으로 권면하기보다는, 다른 방식을 고르려고 한다. 복음주의 진영에서 잘 알려진 선교사들 가운데 몇 사람을 골라, 그들을 움직이게 만든 것이 무엇인지 보여주려 한다. 경우는 달랐지만 그들의 주된 동기는 같았다. 그들은 하나님을 알았고, 그분을 알리며, 그분의 영광을 드러내고자 했다. 그들은 사람들의 필요에 무관심하지 않았다. 그러나 그들이 가졌던 최고의 열망은 하나님의 영광을 선포하는 것, 그것 하나였다.

하나님이 영광 받으시게 하라

이 글을 쓰는 지금, 데이비드 브레이너드 *David Brainerd*의 일기를 펼쳐두고 있다. 브레이너드는 많은 이들이 알고 있듯이, 아메리카 원주민 선교사였다. 젊은 나이에 생을 마감하면서, 오래 사역하지 못했다. 그러나 그의 이야기는 널리 알려져 있다. 브레이너드는 통역자를 통해 설교하며 뉴저지와 펜실베이니아 지역의 원주민들에게 그리스도를 전하려고 노력했다. 건강 문제, 극도의 외로움, 그리고 종종 얼어붙을 듯한 추위와 같은 어려움에도 불구하고 사역을 이어갔다. 하나님은 브레이너드를 기쁘게 사용하셨다. 많은 원주민들이 그리스도를 영접했다. 브레이너드는 우리 중 대부분이 한 번도 보지 못한 부흥을 목격했다.

브레이너드의 일기는 그 사람의 인간적인 면모를 잘 보여주는 기록이다. 우리는 자신이 하나님께 어떤 유익도 줄 수 없는 존재라는 절망에 빠지는 모습을 자주 보게 된다. 그는 보통 사람들보다 더 깊은 우울에 시달렸다. 다음과 같은 기록은 자주 볼 수 있다.

1743년 10월 20일 목요일

오늘은 하나님에 대한 감각이 거의 없었다. 아, 내 귀중한 시간이 이렇게도 하나님 없이 흘러가는 것이 얼마나 안타까운 일인가! 영적인 감각이 없는 날들은 참으로 지루하다.

1744년 1월 5일 목요일

나의 무가치함에 대한 겸손하고 압도적인 감각을 가졌다. 내 마음의 악함에 대한 인식이 내 영혼을 쓰라림과 고통으로 가득 채웠고, 이는 무거운 짐의 무게에 눌려 곧 쓰러질 것 같은 상태였다.

1744년 2월 10일 금요일
오늘 하루 대부분을, 나의 과거의 어리석음뿐 아니라 현재의 메마름과 냉담함에 대한 인식으로 부끄러움과 슬픔과 두려움에 몹시 짓눌린 상태로 지냈다.

브레이너드의 우울증을 모른다면, 이 일기들을 읽고 브레이너드가 어떤 사람인지 알 수 없을지 모른다.

하지만 데이비드 브레이너드는 열정을 가진 사람이었다. 그는 1743년 8월 23일 일기에서 자신의 열정이 무엇이었는지를 우리에게 알려준다.

> 저녁 기도 시간에 하나님께서 매우 죄 많고 합당치 않은 내 영혼에 가까이 다가오심을 은혜롭게 허락하셨다. 나는 하나님과 씨름하며 은혜를 간구하는 기도에 끝까지 인내할 수 있었다. 나는 <u>온 세상, 친구와 원수들을 위해 내 영혼을 쏟아 기도했다. 그러나 내 영혼은 단순히 영혼들 자체에 대한 관심이 아니라, 오히려 그리스도의 나라가 이 땅 위에 나타나기를, 그리고 하나님께서 온 땅에서 하나님으로 알려지시기를 바라는 열망으로 가득 차 있었다.</u> … 진리의 하나님께서 모든

> 곳에서 나타나시기를 바라며, 영광을 하나님께 영원히 돌리기를 원한다. 아멘.

여기에서 중요한 주제들이 드러난다. 곧, 하나님의 진리, 그리스도의 나라, 그리고 모든 것의 궁극적 목표가 되시는 하나님 자신이다. 브레이너드는 친구와 원수들을 위해 기도했고 그 기도는 더 높은 비전을 향한 마음에서 흘러나온다. 하나님은 알려지셔야 한다. 단지 이름만 알려지는 것이 아니라 하나님께서 하나님으로 알려지셔야 한다. 하나님의 이름은 뉴저지의 광야에서도 잘 알려져 있었다. 그러나 브레이너드에게 중요한 것은 하나님께서 진정 하나님으로 알려지시는 것이었다. 심지어 그리스도의 나라조차도 그 목적에 봉사하는 것이다. 하나님이 알려지셔야 한다! 하나님을 아는 것이 가장 본질적인 일이다. 그리고 하나님을 알리는 것이 브레이너드의 사명이었다. 그래서 그는 영혼들을 위해 기도했다.

브레이너드는 하나님을 알았다. 하나님을 아는 지식이 전투로 나아가게 하는 장비였다. 이 지식은 그가 고난 속에서도 하나님께 불평하지 않도록 지켜주었다. 성경의 하나님이 자신의 하나님이라는 확신으로, 브레이너드는 우울함을 견뎌낼 수 있었다. 그의 시련은 욥의 고난과도 비교될

만하다. 그의 일기를 읽으면 가슴이 저며온다. 그러나 그 중심에는 하나님의 영광이 자리하고 있었다. 그가 사랑을 담아 부르던 '나의 백성'인 인디언들은 중요한 존재였지만, 결코 하나님의 영광과 경쟁할 수 없다. 하나님의 영광이 드러나야 한다! 이것이 브레이너드의 짐이었다.

이 주제를 좀 더 살펴보자. 브레이너드의 일기 내용이다.

1744년 10월 5일 금요일

잠시 논의 후, 인디언들이 모였고, 나는 그들에게 설교했다 … 나는 이 가련한 이방인들을 위해 아무것도 할 수 없다는 것을 강하게 느꼈다. 위로부터의 특별한 도우심 없이는 아무것도 할 수 없음을 깨달았다. 그래서 내 영혼은 하나님께 의지하며 안식했고, 이 일이 하나님의 자신의 사역임을 깨달았고, 하나님께서 원하시는 대로 하시도록 맡겨 드렸다

1744년 12월 6일 목요일

밤이 되어갈 무렵, 내 영혼은 기쁨으로 충만했다. 하나님은 변함없이 복되시며 영광스러우신 분이라는 사실 때문이다. 그리고 하나님은 그분의 피조물들에게 무슨 일이 일어나든, 반드시 영광을 받으실 것이다.

일기를 하나 더 보자. 다음 일기에서 브레이너드는 천사들에게 말을 건넨다!

1744년 2월 7일 화요일
오 너희 천사들아! 너희는 끊임없이 그분을 영화롭게 하라. 그리고 가능한대로 하늘의 복된 왕 앞에 더욱 낮아져 엎드리라. 나는 너희와 함께 그분을 찬양하고 싶다. 가능하다면, 너희를 도와 그분을 찬양하고 싶다. 오, 우리가 할 수 있는 찬양을 다 하고, 영원토록 찬양한다 할지라도, 영광스러운 하나님께 합당한 찬양의 만 분의 일조차도 드리지 못할 것이다!

브레이너드는 천사들이 하나님의 영광을 선포하는 데 자신도 동참하고 싶어했다. 아마도 그는 그 소원을 이루었을 것이다! 그러나 브레이너드가 이 말을 쓸 때에는 아직 육신을 입고 있었다. 그때 그는 무엇을 할 수 있었을까? 그의 소원은 그가 사랑하던 인디언들에게 하나님의 위대하심을 전함으로 성취되었다. 브레이너드는 찰스 웨슬리처럼 '만 입'을 가지고 있기를 바랐을지도 모르지만, 현실은 인디언들이 이해할 수 있는 언어조차 직접 구사하지 못했다. 통역자가 그의 입이 되어 주어야 했지만, 브레이너드는 온 마음을 다해 그리스도 안에서 드러나는 하나님의 영광을 선포했다. 우리도 브레이너드의 본을 따를 수 있도록 하나님께서 도와주시기를 간구한다!

하나님에 대한 비전

우리는 브레이너드가 보았던 하나님의 비전을 공유하고 있는가? 항상 그분의 영광을 느끼고 있는지 묻는 것이 아니다. 그렇지 못하다는 것을 이미 알고 있다. 내가 묻고자 하는 것은, 하나님에 대한 우리의 확신에 관한 것이다. 우리는 브레이너드가 천사들에게 했던 그 말이 적절하다고 인정하는가? 아니면 그의 말이 단순한 표현이라고 생각하는가? 아니면 그의 말이 환상에 불과하다고 여기고 있지는 않은가? 아마도 이 질문에 답하는 데 큰 어려움을 느끼지 않을 것이다.

그러나 세상은 이런 비전을 가지고 있지 않다. 복음을 듣지 못한 사람들은 이 찬양의 합창에 동참할 수 없다. 그렇다면 그들은 어떻게 시편 기자의 명령을 따를 수 있을까? 시편 기자의 말을 들어보라.

> 온 땅이여 여호와께 즐거운 찬송을 부를지어다
> 기쁨으로 여호와를 섬기며 노래하면서 그의 앞에 나아갈지어다
> 여호와가 우리 하나님이신 줄 너희는 알지어다 그는 우리를 지으신 이요 우리는 그의 것이니 그의 백성이요 그의 기르시

> 는 양이로다
> 감사함으로 그의 문에 들어가며 찬송함으로 그의 궁정에 들어가서 그에게 감사하며 그의 이름을 송축할지어다
> 여호와는 선하시니 그의 인자하심이 영원하고 그의 성실하심이 대대에 이르리로다 **시편 100편**

많은 시편과는 다르게 이 시편은 이스라엘에게 먼저 향하지 않고, '온 땅'을 향해 선포한다. 시편 기자는 온 세상이 여호와를 찬양해야 한다고 말하고 있다. 온 세상이 여호와가 하나님이심을 알아야 한다. 우리는 그의 강조를 결코 간과할 수 없다.

그러나 사람들은 어떻게 알게 되고, 어떻게 찬양하게 될까? 이 시편은 우리에게 그 답을 알려주지 않지만, 다른 성경 말씀들은 이를 명확히 말하고 있다. 사람들이 구원하시는 주님을 알게 되려면, 우리는 하나님의 성품을 드러내야 한다. 우리는 그분의 일을 보여주어야 한다. 사람들이 찬양하게 되기를 원한다면, 우리는 그들에게 그 노래를 주어야 한다. 그들이 '감사함으로 그의 문에 들어갈' 때, 그들은 우리와 함께 들어갈 것이다. 우리의 찬양을 듣고, 우리 찬양대에 동참하게 될 것이다. 우리 모두 '기쁨으로 여호와께 노래하게' 될 것이다!

여기서도 브레이너드는 우리의 본이 된다. 그도 이방인들이 하나님을 찬양하는 것을 듣고 싶어했다. 그리고 하나님께서 인디언들을 구원하시기를 기뻐하셨을 때, 브레이너드는 그들의 회심을 이런 관점에서 보았다. 이제 그들도 하나님을 찬양하게 될 것이다. 이제 하나님의 영광이 더 잘 알려지게 될 것이다. 그의 일기에 기록된 다음의 말을 주목하라.

> *1746년 6월 4일 수요일*
>
> 나는 하나님께서 스스로 이 일을 행하셨다는 사실만으로 기뻐할 수 있었고, 하늘이나 땅에 있는 그 누구도 이 영광을 하나님과 함께 나누려는 시도를 하지 못하도록 한 것만으로도 기뻤다. 나는 오직 하나님께서 나타내신 영광이 이 영혼들의 회심을 통해 드러나게 된 것을 기뻐할 뿐이다 … 아, 그분이 모든 지각 있는 피조물들에게, 그들이 가진 능력과 역량의 한계까지, 경배와 찬양 받으시기를! 나는 아무것도 할 수 없더라도, 다른 이들이 하나님을 찬양하는 것을 보는 것만으로도 내 영혼은 기쁨을 누릴 것이다.

이 글은 마치 고린도후서 4장의 말씀과 비슷하게 느껴진다. 바울은 무엇이 그를 움직이는지 말해준다. 11절에서 자신이 겪는 고난에 대해 언급하며, 그것이 "예수님을 위한 것"이라고 말한다. 그리고 15절에서 설명을 더 확장시킨다.

> 이는 모든 것이 너희를 위함이니 많은 사람의 감사로 말미암아 은혜가 더하여 넘쳐서 하나님께 영광을 돌리게 하려 함이라

바울은 예수님을 위해서 일하는가, 아니면 그의 회심자들을 위해서 일하는가? 분명히 바울은 예수님을 위해서도, 회심자들을 위해서도 수고했다. 그러나 바울의 최종 목적과 가장 큰 목표는 하나님의 영광이었다는 사실이다. 바울의 회심자들은 바울과 함께 하나님께 감사했다. 바로 이것이 바울이 추구했던 것이며 낙심하지 않는 이유였다 [고후 4:16]. 또한 자신의 고난을 '가벼운 환난'으로 여긴 이유였다 [고후 4:17]. 바울의 목표는 하나님의 영광을 드러내는 것이었다. 그리고 이 목표는 더 많은 사람들이 하나님께 돌아와 그분께 감사할 때 이루어진다!

하나님을 아는 지식

창조의 목적은 사람들이 주님을 찬양하는 것이다. 바울은 이 교훈을 배웠다. 브레이너드도 그 후에 같은 교훈을 배웠다. 그러나 하나님을 알리고자 하는 열정을 완전히 설명하려면 한 가지를 더 말해야 한다. 바울과 브레이너드는

단순히 "하나님을 찬양해야 한다"라는 말을 앵무새처럼 반복한 것이 아니었다. 그들은 하나님의 절대적인 가치와 존귀하심을 직접 알고 있었고, 하나님을 '모든 것 위에 계신 분, 영원토록 찬송받으실 하나님'으로 선포했다. 바로 그것이 그들을 감동시켰고, 앞으로 나아가게 하는 원동력이었다. 그들은 "하나님을 가장 잘 아는 사람이야말로 그분을 전할 책임과 능력을 가장 많이 가진 사람"이라는 사실을 알고 있었으며 자신들이 하나님을 알고 있다는 사실을 알았다. 그리고 그들이 하나님을 아는 것이 너무나도 놀랍고 귀했기에, 그것을 널리 전하지 않을 수 없었다. 따라서 그들의 회심자들이 하나님을 찬양하는 것도 놀라운 일이 아니다. 그 회심자들은 위대하고 영광스러운 하나님을 보게 되었기 때문이다.

그러나 바울과 브레이너드만이 이런 사람들이었던 것은 아니다. 우리도 그들과 함께해야 한다. 그들은 우리에게 가르쳐준다. 하나님에 대해 배운 그 어떤 영광이라도, 반드시 그것을 나누어야 할 의무가 있다는 사실을 말이다. 단순히 사람들을 지옥에서 구하는 것만을 목표로 삼는 것은 충분하지 않다. 다른 무엇인가를 위해 구해야 한다. 우리는 그들에게 하나님의 위대하심과 장엄하심을 보여주어야 한다. 그리고 그들이 찬양의 합창에 함께하는 모습을 보고 싶어

해야 한다. 우리는 시편 기자와 함께 이렇게 고백해야 한다.

> 여호와의 인자하심과 인생에게 행하신 기적으로 말미암아 그를 찬송할지로다! 시 107:8, 15, 21, 31

우리의 세상은 바울의 시대보다 훨씬 더 넓다. 브레이너드의 시대보다도 훨씬 더 넓다. 바울은 세상의 많은 지역을 전혀 알지 못했고, 브레이너드는 세상의 많은 미전도 종족들을 알지 못했다. 그들의 세계는 오늘날 세계보다 훨씬 작았지만, 하나님을 찬양해야 할 사람들은 그들이 꿈꾸었던 것보다 훨씬 더 많다. 그럼에도 불구하고 하나님은 변하지 않으신다. 하나님은 여전히 우리의 찬양을 받으실 자격이 있는 분이다!

우리에게 더 큰 세상이 있다는 사실에 낙담하지 않아야 한다. 그것은 오히려 우리를 더욱 큰 헌신으로 부르신다. 우리가 알리고자 하는 하나님은 위대하신 하나님이시다. 그리고 그 하나님을 알아야 할 세상은 광대하다! 우리는 그들에게 하나님을 전해야 하고, 그들로 하여금 찬양의 자리로 불러내야 한다. 이 사명이 너무 벅차게 느껴진다면, 시편 기자를 따라 이렇게 기도해야 한다.

> 하나님은 우리에게 은혜를 베푸사 복을 주시고 그의 얼굴 빛

> 을 우리에게 비추사 ^{시 67:1}

왜 이렇게 기도해야 할까? 하나님의 선하심 안에서 햇볕을 쬐듯 안주하기 위함일까? 결코 그렇지 않다! 조금 더 살펴보자.

> 주의 도를 땅 위에, 주의 구원을 모든 나라에게 알리소서 ^{시 67:2}

그리고 왜 하나님의 길이 알려져야 할까? 여기에 시편 기자의 대답이 있다.

> 하나님이여 민족들이 주를 찬송하게 하시며 모든 민족들이 주를 찬송하게 하소서 온 백성은 기쁘고 즐겁게 노래할지니 주는 민족들을 공평히 심판하시며 땅 위의 나라들을 다스리실 것임이니이다 ^{시 67:3-4}

하나님의 길이 알려져야 하는 이유는 하나님 자신이 알려지기 위함이다. 그리고 하나님이 그분의 참모습으로 알려질 때, 반드시 한 가지 결과가 따른다. 사람들이 하나님을 찬양하게 된다! 민족들이 기뻐하며 즐거이 노래하게 될 것이다. 왜냐하면 그들이 하나님의 백성이 되기 때문이다.

하나님의 통치를 짐으로 여기지 않고, 하나님을 찬양하며, 하나님께 영광을 돌리게 될 것이다!

12장
윌리엄 캐리에 대한 새로운 관점

앞 장은 기도인 시편 몇 구절을 살펴보며 끝맺었다. 시편 기자는 자비를 구하며 하나님의 복을 간구했고, 그 기도의 이유는 자신뿐만 아니라 이방인들이 하나님의 길을 배우고 주님을 찬양하기 원했다. 나는 그 기도가 우리의 기도가 되어야 한다고 제안했다.

한편, 기도를 촉구하는 것은 다소 이상하게 들릴 수도 있다. 어떤 이들에게는 기도가 행동을 대체하는 것처럼 보일 수도 있다. 나는 그 누구도 기도가 복음 전파를 대신할 수 있다고 생각하지 않기를 바란다. 기도의 목적은 그것이 아니다.

<u>깊이 생각해 볼 것이 있다.</u> 우리는 하나님의 성령 없이는 모든 것이 헛되다는 사실을 고백한다. 정말로 그 사실을 믿는가? 믿는다면, 우리는 기도부터 시작할 것이다. 우리의 사역에 하나님의 임재를 구하지 않는다면, 하나님께서 역사하지 않는 것은 놀랄 일이 아니다. 그의 지혜를 구하지 않는다면, 우리는 어리석은 자일 뿐이다. 그렇다! 우리는 반드시 기도해야 하며, 그 기도가 가장 먼저 있어야 한다. 우리는 주님께서 온 땅 끝까지 자신을 영화롭게 하시도록 간구해야 한다.

기도에 대한 요청

1780년대 중반, 영국 미들랜드 지역의 소규모 침례교회 지방회가 정기 모임을 가졌다. 그 모임에서 각 지역 교회에서 기도 모임을 열자는 긴급한 요청이 나왔다.

무엇이 이 요청을 이끌어 냈는가? 그들은 기도가 필요하다고 생각했고 기도를 요청했다는 그 사실 자체가 답이다.

> 기도모임을 요청하는 이유는 신앙의 침체된 상태를 애통해하며, 교회의 부흥과 구주의 뜻을 간절히 간구하고, 이를 위해 하나님의 성령 부어주심을 구하며 하나님과 씨름하기 위함이다.

이러한 요청에 공감하지 않을 이유는 없다. 우리 자신의 요청으로 삼기에도 충분하다. 하지만 이어지는 내용에 더 많은 중요한 점이 포함되어 있다.

구주되신 그리스도의 모든 관심이 주의 사랑과 함께 기억되게 하며, 복음이 가능한 세계 가장 먼 곳까지 복음이 전파되도록 하는 것이 기도의 가장 열렬한 목적이 되게 하라.

현대의 그리스도인들에게 이 요청문에서 가장 눈에 띄는 것은 옛스러운 언어일 가능성이 높다. 우리는 선교를 위한 기도 요청에 익숙하다. 그런 요청은 자주 우리에게 다가온다. 우리는 18세기에 살고 있지 않다.

그렇다면 당시에는 어땠을까? 이 요청을 쓴 사람들 중 어느 누구도 우리가 오늘날 말하는 '선교사'를 만난 경험이 없었을 가능성이 높다. 물론 당시에도 선교사들이 있었다. 그러나 그들은 극소수였고, 널리 흩어져 있었으며, 그들이 사역하는 현장을 떠나는 일은 드물었다. 교통이 엄청난 장애물이었다. 멀리 떠나면, 그것은 곧 그곳에 정착하는 것을 의미했다.

그 뿐만이 아니었다. 당시의 침례교회들은 더 중대한 문제에 직면해 있었는데, 그들은 거짓된 유사 칼빈주의의 영향 아래 신앙이 거의 잠들어 버린 상태였다. 이 문제를 그들 중 한 목사였던 앤드류 풀러*Andrew Fuller*가 이렇게 묘사했다. 다음은 그의 말이다.

> 나는 밀러*Millar*의 북미 인디언들 가운데서 엘리엇*Eliot*이 행한 사역과 그 사역이 가난하고 야만적인 이들에게 미친 영향에 대한 기록을 읽으면서, 불쌍한 영혼들에 대한 사랑의 마음이 내 안에서 샘솟는 것을 느꼈습니다. 또한 우리는 우리의 설교에서 지나치게 스스로를 얽매고 있는 것은 아닌가 하는 의심도 들었습니다. 하나님의 작정을 우리의 행동 지침으로 삼음으로써 스스로를 혼란스럽게 하고 길을 잃어버렸다는 생각이 들었습니다. 분명히 베드로나 바울은 우리가 느끼는 이러한 주저함을 느끼지 않았을 것입니다. 그들은 자신들의 청중을, 타락한 사람들로 대했습니다. 마치 우리가 눈이 멀어 절벽 끝에 서 있는 사람들에게 경고하고 권면하듯이 말입니다. 그들의 사역은 그들 앞에 명확해 보였습니다. 오, 나의 사역도 그렇게 명확하기를!

작가인 앤드류 풀러*Andrew Fuller*는 깊은 갈등을 겪고 있었다. 그는 하나님께서 모든 사람을 구원하시기로 정하지 않으셨다는 사실을 충분히 잘 알고 있었다. 그는 하나님께서 어떤 사람들은 지나치실 것이라는 사실도 알고 있었다. 이

점에서 그는 성경의 근거 위에 서 있었다. 그러나 그가 속한 교회는 이 사실로부터 심각한 결론들을 도출하고 있었다. 간단히 말하자면, 우리의 청중이 하나님의 선택받은 자들 중에 속하지 않는다면, 그들은 믿을 의무가 없다. 그리고 이렇게도 말했다. 그들이 믿을 필요가 없다면, 그들에게 복음을 전할 필요도 없다. 죄인들과 성도들은 그냥 잠들어 있도록 내버려 두면 된다는 것이었다.

그러나 하나님께서는 앤드류 풀러에게 은혜를 베풀어 주셨다. 그의 앞에 빛이 보이기 시작하고 있었다. 그의 말을 주목해 보자. "우리는 하나님의 작정을 행동의 기준으로 삼음으로써 스스로를 혼란스럽게 하고 길을 잃어버렸다." 이것이 핵심이다. 그리스도인의 기준은 하나님의 작정*decree*이 아니라 하나님의 명령*command*이다!

1784년 풀러는 자신의 교단을 넘어 더 넓은 곳을 흔드는 책을 출간했다. 그의 책 『복음은 모든 사람에게 합당하다』*The Gospel Worthy Of All Acceptation*의 서두에서 오늘날 우리에게는 자명해 보이는 두 가지 명제를 제시했다.

1. 회심하지 않은 죄인들에게 그리스도를 믿으라는 명령이 주어졌다.
2. 모든 사람은 하나님께서 계시하신 바를 진심으로

받아들여야 할 의무가 있다.

풀러는 이제 밝은 빛 아래에 서 있었고, 그의 친구들도 서둘러 그를 따라가고 있었다. 그들이 하나님께 부흥과 '구주의 전반적인 사역'을 위해 부르짖는 것은 당연한 일이었다.

하지만 기도 요청은 여기서 멈추지 않았다. 그들은 타락한 세상을 바라보았으며, 땅 끝까지 경계를 두지 않게 되었다. 이 작은 무리는 처음 꿈꿨던 것보다 더 먼 곳까지 바라보도록 인도받고 있었다. 하나의 위대한 진리가 또 다른 진리를 가리킨다. 그리고 이 모든 진리들은 하나님께 지혜와 복을 구하는 기도를 필요로 한다.

하나님의 주권과 기도

이 무렵, 젊은 윌리엄 캐리*William Carey*는 노샘프턴셔의 몰턴*Moulton*에 오게 된다. 그는 설교를 시작했고, 앞에서 언급한 목회자들의 교제에도 참여하게 되었다. 19세기 캐리의 전기 작가인 제임스 컬로스*James Culross*는 캐리가 풀러의 책에 어떻게 반응했는지를 전해준다.

캐리는 풀러에게 이렇게 말했다.

"만약 복음이 전해지는 곳마다 모든 사람의 구원을 위한 믿

> 음이 의무라면, 그 복음을 맡은 사람들에게는 모든 민족들에게 순종의 믿음을 위해 복음을 알리려는 노력을 기울이는 것이 의무일 것입니다."

이 두 가지는 캐리에게 하나의 진리에서 필연적으로 따라 나오는 결론처럼 보였다.

처음에 목회자 친구들은 캐리를 따라가지 못했다. 그들은 이미 '거주 가능한 세계의 가장 먼 지역까지 복음이 확장되기를' 기도하자고 요청했었다. 하나님께서는 그들을 그 지점까지 인도하셨다. 하나님은 그들의 기도에 응답하려 하셨지만, 그들은 그 응답을 받아들일 준비가 되어 있지 않았다!

캐리가 겪었던 어려움을 잘 보여주는 유명한 이야기가 있다. 어느 목회자 회의에서 캐리는 한 가지 주제를 제안했다. 그는 이렇게 생각했다.

> "사도들에게 주어진 모든 민족을 가르치라는 명령은, 그 명령에 수반된 약속이 모든 시대를 아우르는 만큼, 세상 끝날까지 모든 다음 목회자들에게도 여전히 유효하지 않은가?"

캐리는 주님께서 '세상 끝날까지' 교회와 함께하시겠다고 약속하신 것을 읽었고, 그 약속이 모든 시대에 적용된다고 보았다. 주님의 약속은 주님의 명령과 함께 주어졌으며, 둘 다 모든 시대를 포괄하는 것이었다. 약속만을 주장하면서 명령을 무시하는 것은 옳지 않다는 것이 캐리의 통찰이었다. 캐리의 말은 옳았다.

그러나 이야기는 이렇게 이어진다. 캐리가 이 주제를 제시하자마자 거칠게 무시되었다. "젊은이, 앉아! 앉아!"라는 말과 함께 "당신은 열광주의자야. 하나님께서 이방인을 회심시키고자 하실 때는 당신이나 나에게 상의하지 않으실 거야"라는 말을 들었다.

이 이야기에 등장하는 세부적인 내용들은 논란의 여지가 있다. 실제로 존 라이랜드*John Ryland, Sr.*가 그런 말을 했는지는 불분명하다. 그러나 캐리가 이 주제를 꺼낸 것이 질책 받았다는 점은 분명하다. 그는 이 문제를 잠시 접어두어야 했다.

우리의 교만으로 이 사람들을 너무 가혹하게 판단해서는 안 된다. 우리는 너무 쉽게 그렇게 하곤 한다. 대신, 이해하려고 노력해야 한다. 그들의 이야기에 희망적인 면도 있다는 사실을 기억해야 한다.

1. 그들은 기도했고, 기도의 중요성을 믿었으며, 그 믿음은 행동으로 이어졌다.

2. 그들은 하나님의 주권을 굳게 붙들었다. 하나님께서 그분의 일꾼들과 사역을 그분의 뜻에 따라 인도하신다고 믿었다.

이 두 가지 점에서 이 사람들은 우리에게 본보기가 된다. 그리고 캐리도 그들과 함께 있었다. 캐리가 한쪽에 서 있고 그의 목회자 친구들이 다른 쪽에 있었던 것이 아니다. 이 두 가지 진리 안에서 그들은 하나였다. 캐리는 생명의 끝 날까지도 그 누구보다 하나님 주권을 굳게 붙들었다. 사실, 바로 하나님의 그 주권이 캐리로 하여금 사역을 계속하도록 격려해 주었다.

윌리엄 캐리가 1812년 인도에서 풀러에게 보낸 편지를 읽어보려 한다. 그 편지에는 암울한 소식이 담겨 있다. 인쇄소가 불에 타 사라졌다. 수년간 캐리가 작성했던 귀중한 원고들도 모두 불에 타 사라졌다. 캐리는 이렇게 이어서 쓴다.

> 다시 그 땅을 일구어야 하지만, 우리는 낙심하지 않는다. 우리는 모두 이 고난 가운데서도 굳건해졌고, 낙담하지 않도록 보호받았다. 나에게는 하나님의 주권과 지혜에 대한 묵상이 큰 위로가 되었다. 지난 주일에 이 고난을 시편 46편 10절, "너희는 가만히 있어 내가 하나님 됨을 알지어다"라는 말씀

으로 묵상하며 적용해보려 했다. 나는 주로 두 가지 생각에 초점을 맞추었다.

1. 하나님은 우리를 그분의 뜻대로 다스리실 주권적 권리를 가지신다.
2. 우리는 하나님께서 우리에게 행하시는 모든 일에 기꺼이 순복해야 한다.

"하나님께서 우리에게 하신 일!" 하나님의 주권이 이 네 단어보다 더 잘 표현될 수 있을까? 사탄에 대한 언급은 한마디도 없다. '우연'이나 '불운'에 대한 단어조차 없다. 이 고난은 '하나님께서 우리에게 하신 일'이었다.

캐리에게 하나님의 주권은 그의 양식이자 물이었다. 오늘날 많은 이들이 이를 잘 이해하지 못하는 것은 어찌 보면 당연하다. 그 이유는 명확하다. 하나님의 주권의 의미를 혼동하기 때문이다. 이렇게 물을 수도 있다. "모든 그리스도인이 하나님의 주권을 믿지 않습니까?" 대부분의 그리스도인들은 하나님의 주권을 고백한다. 그러나 '주권'은 너무 자주 하나님께서 다스리실 권리만을 말할 뿐이다. 그 권리를 실제로 하나님께서 행사하신다는 깊은 확신은 결여되어 있다. '자유 의지'나 다른 장애물이 하나님을 제한한다고 여긴다. 하지만 캐리와 그의 동료들은 그러한 제한을 전혀 느끼지 않았다.

이것이 바로 그들의 기도 요청을 설명해 준다. 기도의 동기는 다양하지만, 이 사람들에게는 '땅 끝'을 위해 기도해야 하는 단 하나의 강력한 이유가 있었다. 그들은 세계 복음화의 모든 과정이 하나님의 손에 달려 있다고 굳게 믿었다. 하나님께서 때를 정하신다. 하나님께서 일꾼들을 선택하신다. 하나님께서 사역의 장소를 선택하신다. 그렇다면 기도보다 더 필요한 것이 무엇이겠는가! 하나님께서 우리에게 은혜를 주셔서 이들을 따라가게 하시기를!

선교를 위한 첫 번째 준비 – 기도

선교를 위한 기도의 문제는 더 깊이 살펴볼 필요가 있다. 그냥 인사하며 지나치듯 '더 중요한 일'로 넘어가서는 안 된다. 우리는 이 주제에 잠시 머물러야 한다.

성경의 가르침은 하나님의 영광이 창조의 가장 큰 목적이라는 것이다. 하나님께서는 찬양을 받으시기 위해 만물을 창조하셨다. 그것이 하나님께서 우리를 지으신 이유이다. 하나님은 심지어 사람의 노여움조차도 그분을 찬양하게 만드신다[시 76:10]. 모든 것은 하나님의 영광을 드러낸다.

이것이 끝이 아니다. '하나님께 영광을 돌리는 것'과 '하나님께 영광을 돌리는 것을 목표로 삼는 것'은 다른 문제다. 선교의 사역에서 우리는 하나님의 찬양을 이루어 내는 것, 곧 하나님께 영광을 돌리는 것을 목표로 삼는다.

그리고 하나님께서는 그분께 영광을 돌리는 방법을 알려 주셨다. 바로, 하나님께 그렇게 해 달라고 구함으로써다. 우리가 하나님의 영광을 구하고자 하는가? 그렇다면 우리의 첫 번째 행동은 기도여야 한다. 그 기도의 핵심은 이 말씀으로 요약된다. "아버지의 이름이 거룩히 여김을 받으시옵소서." 예수님께서 우리에게 기도를 가르치실 때, 출발점이 바로 이 부분이었다. 우리 또한 이 기도의 자리에서 출발해야 한다.

하나님의 이름이 땅 끝까지 찬양받기를 원한다면, 그 일은 하나님께서 이루셔야 한다. 우리는 그 일에 동참할 수 있는가? 그렇다. 하지만 우리의 동참은 이 기도에서 시작되어야 한다. "오 하나님, 주님 자신을 높이소서! 주의 이름이 찬양받게 하소서!" 이것이 주 예수님께서 우리에게 가르치신 바다. 우리는 그 요점을 놓쳐서는 안 된다.

그뿐만이 아니다. 예수님께서는 더 나아가 선교 사역을 위해 구체적으로 기도하라고 명령하셨다. 선교 사역은 일꾼들의 파송을 포함한다. 단순히 기도만으로 이루어지는 것이 아니다. 누군가는 나아가야 한다. 일꾼이 필요하다. 그들은 어디에 있는가? 누가 그들을 파송할 것인가? 예수님은 이러한 '실질적인' 문제조차도 기도로 해결해야 한다고 가르치신다.

> 무리를 보시고 불쌍히 여기시니 이는 그들이 목자 없는 양과 같이 고생하며 기진함이라 이에 제자들에게 이르시되 추수할 것은 많되 일꾼이 적으니 그러므로 추수하는 주인에게 청하여 추수할 일꾼들을 보내 주소서 하라 하시니라 마 9:36-38

이 말씀을 주의 깊게 보라. 그러나 주의할 것이 있다. 이 말씀을 마태복음 10장의 가벼운 서론 정도로 취급하지 않도록 해야 한다. 그 이유를 설명하려고 한다.

나는 그동안 이 본문에 대한 많은 설교를 들었다. 그 공통점이 하나 있었다. 그 목적이 선교지로 나가야 한다는 요청에 있었다. 설교자는 주로 마태복음 10장에서 주님께서 사도들을 이스라엘에 파송하시는 장면을 강조했다. 교훈은 대략 이러했다.

"기도만으로는 충분하지 않다. 우리는 우리의 기도에 스스로 응답해야 한다. 우리는 나아가야 한다. 열두 사도들이 그랬듯, 우리도 그렇게 해야 한다."

오해하지 말라. 나는 이 책을 선교의 일꾼들을 요청하기 위해 쓰고 있다. 그러나 그렇다고 해서 성경을 잘못 사용하는 것이 허용되는 것은 아니다. 내가 인용한 본문을 마태복음 10장의 단순한 서론 정도로만 다루면, 본문의 핵심을 놓치게 된다.

그 핵심은 바로 이것이다. 기도는 추수의 첫 번째 사역이라는 것이다. 그 이유는 어렵지 않다. 바로, 추수에는 주관하는 '주인'이 있다는 점이다. 누군가가 일꾼을 공급한다. 누군가가 사역의 진행을 이끈다. 그리고 그 '누군가'는 바로 하나님이시다. 우리의 첫 사역은 추수의 크기를 바라보는 것이 아니다. 우리의 첫 사역은 우리 하나님께 기도하는 것이다.

이 점에서, 그리고 많은 다른 점에서도, 예수님께서 우리의 본이 되신다. 시편 2편에서 그리스도는 자신이 어떻게 왕이 되었는지 말씀하신다.

> 내가 여호와의 명령을 전하노라 여호와께서 내게 이르시되 너는 내 아들이라 오늘 내가 너를 낳았도다 시 2:7

이 구절에서 말하는 '낳다'는 출생이 아니라, 6절이 보여주듯이 왕권과 관련된 것이다. 그렇다면, 그리스도께서 왕으로서 하시는 일은 무엇인가? 하나님 아버지께서 그에게 명령하시는 것이 무엇인지 다음 구절로 넘어가보자.

> 내게 구하라 내가 이방 나라를 네 유업으로 주리니 네 소유가 땅 끝까지 이르리로다 시 2:8

그리스도께서 왕으로서 하시는 첫 번째 일은 기도하는 것이다! 그렇다, 그는 기도 외에도 많은 일을 하실 것이다. 그러나 기도가 우선이다. 하나님께서 말씀하신다. "내게 구하라! 추수는 내 손에 있다. 내게 구하지 않으면 추수는 없다!"

그리스도께서 실제로 이렇게 구하셨다는 것은 너무도 자명하다. 직접적인 증거가 없더라도 우리는 그 사실을 알 수 있다. 그분은 하나님의 뜻을 행하기 위해 오셨고, 그 뜻을 이루셨다! 요한복음 17장에서 우리는 성경을 통해 기도하시는 그리스도를 직접 볼 수 있다. 우리는 그분이 왕권에 들어가시기 위해 준비하시는 모습을 발견한다.

> 아버지여 때가 이르렀사오니 아들을 영화롭게 하사 아들로 아버지를 영화롭게 하게 하옵소서 요 17:1

그리스도의 영광의 때가 다가왔다. 이제 그분은 아버지의 보좌에 앉으실 것이다. 진정한 왕이 되실 것이다.

그러나 그것이 전부가 아니다. 그리스도께서 계속 기도하시는 가운데, 그분의 말씀은 아버지께 의존하고 있음을 보여 준다. 그분은 "내게 구하라!"라는 구절의 정신을 온전히 받아들이셨다. 그분은 자신을 따르는 자들이 어디서부터 왔는지를 알고 계신다. 그분은 그들을 "아버지께서 세상에서 내게 주신 사람들"이라고 부르신다. 그분께서 그들을 구하셨음을 우리는 의심할 수 없다. 그리고 우리는 하나님께서 그분의 기도를 들으시고 응답하셨음을 안다!

그러므로 두 가지는 분명하다. 첫째, 그리스도께서는 우리에게 아버지께 기도하라고 명령하신다^{마 9:38}. 이 명령은 우리가 하나님께 의존해야 함을 가르쳐 준다. 우리가 혼자 할 수 있는 것은 아무것도 없다. 성공은 하나님의 손에 달려 있다.

둘째, 우리는 그리스도의 모범을 본다. 그분은 왕이셨지만, 의존하는 자녀로서 기도하셨다. 사람들의 회심을 통해 하나님의 영광을 구하셨다. 그분은 지금도 그렇게 하신다. 그러나 혼자서 하시는 것은 아니라 하나님 아버지를 바라보신다. 그분은 사람들을 위해 중보하신다. 그분의 성공에 대한 소망은 우리의 소망과 마찬가지로 하나님의 손과 뜻에 달려 있다. 하나님의 아들이 기도하신다면 우리는 얼마나 더 기도해야 하겠는가!

이 모든 것은 우리에게 어떤 일꾼이 필요한지를 보여 준다. 바로 하나님을 가장 잘 아는 자들이다. 물론 어떤 사람이 자신이 그 일꾼에 속한다고 생각하는 것은 지나친 자만일 수 있다. 하지만 한 가지는 분명하다. 첫 번째 자격은 기도를 믿는 것이다. 우리의 태도가 "지금 당장 일을 시작하자!"라는 식이라면, 의심받아 마땅하지만, 하나님의 위대하심과 영광을 아는 사람은 그렇게 말하지 않는다. 나중에야 그렇게 말할 수 있고, 또 반드시 그렇게 해야 한다. 그러나 그가 하나님을 안다면, 그의 길은 분명하다. 그는 이렇게 기도해야 한다. "아버지여, 당신의 영광을 나타내소서. 아버지여, 일꾼들을 보내소서."

윌리엄 캐리와 그의 동료들은 이 점에서 우리의 본보기이다. 그들은 다른 어떤 일보다 먼저 기도했다. 그 후에 많은 일을 했다. 우리도 그래야 한다. 그들은 하나님을 알았고, 추수는 하나님의 손에 달려 있다는 것을 알았다. 그들이 하나님을 알았기 때문에, 이런 말을 온전히 받아들일 수 있었다. "기도한 후에 더 많은 일을 할 수는 있다. 그러나 기도하기 전에는 기도보다 더 중요한 일을 할 수는 없다!"

선교사에게 이보다 더 좋은 준비가 있을까? 나는 없다고 생각한다. 선교사는 추수가 하나님의 손에 달려 있다는 사실을 아는 사람이다. 이 사실을 아는 사람은 모든 것을 아는 것은 아니지만, 하나님을 조금이라도 아는 사람이다. 그리고 바로 그 하나님이 선교의 메시지이자 동기인 것이다!

13장
헨리 마틴의 본보기

선교사의 정신을 보여주기 위해 한 사람을 더 소개하고자 한다. 다음은 1804년 1월 13일에 기록된 그의 일기 내용이다.

> 내 영혼이 하나님의 주권적 자비를 찬양하지 않을 수 있을까? 그분께서 나의 교만한 마음속에 그분의 일을 시작하시고, 수많은 사람들을 파멸시킨 함정들, 곧 인간의 학문과 명예를 통해서도 그 일을 이루어 가셨음을 어찌 찬양하지 않을 수 있는가? 내 영혼아, 너는 네 주 그리스도 예수를 아는 지식의 탁월함과 비교할 때, 모든 것을 배설물과 쓰레기로 여기지 않을 수 있는가? 그렇다, 감사의 마음이 충만하지 않다 해도, 의무감과 멸망에 대한 두려움이 나를 억누르지 않는다 해도,

> 그리스도를 섬기는 일의 탁월함은 나로 하여금 그 일을 위해서라면 만 번의 생명이라도 기꺼이 바치게 하지 않겠는가?

이 글을 쓴 사람은 헨리 마틴*Henry Martyn*이다. 1804년 당시 마틴은 선교사가 아니었다. 그저 젊은 청년이었다. 자신의 삶이 얼마나 남았는지, 어떤 삶을 살게 될지 알지 못했다. 이런 것들은 그가 알 수 없는 일이었다.

하지만 마틴이 알고 있는 것도 있었다. 그는 자신이 그리스도를 섬기기를 원한다는 사실과 왜 그분을 섬기고자 하는지 그 이유도 알고 있었다. 그의 그리스도를 아는 지식은 탁월했다. 마틴은 그리스도께서 그분이 누구신지를 이유로 알려지고 섬김을 받으실 가치가 있는 분이라는 사실을 알고 있었다.

헨리 마틴과 성경 번역

헨리 마틴은 1781년에 태어났으며, 네 남매 중 셋째였다. 어머니는 건강이 좋지 못했고, 그 허약한 체질은 자녀들에게도 물려졌던 것 같다. 헨리가 서른 한 살의 젊은 나이에 세상을 떠났을 때, 가족 중 마지막 생존자였다. 두 자매와 형은 이미 세상을 떠나고 없었다.

마틴은 체력이 약했지만 학문적 재능으로 이를 만회했다. 그리고 그만큼의 자부심도 가지고 있었다. 열여덟 살

때 모습을 그린 마틴의 자화상이 여기 있다. 당시 그는 아버지를 찾아뵙고 있었고, 아버지는 곧 세상을 떠날 상황이었지만, 헨리는 그 사실을 알지 못했다.

> 내 마음의 극도의 이기심과 심한 짜증은 분노와 악의와 질투, 교만과 허영과 모든 사람에 대한 멸시로 드러났으며, 나의 여동생에게는 가장 거친 말을 쏟아냈고, 심지어는 내 뜻과 의견이 다르면 아버지께도 그렇게 했다.

결코 희망적인 모습이 아니다! 그러나 바로 그때 '하나님의 주권적인 자비'가 임했다. 1800년이었다. 마틴의 교사는 신약성경이었다. 마틴은 여동생에게 이렇게 이야기한다.

> 나는 신약 성경의 말씀을 더 열심히 살펴보고, 그 말씀을 기쁨으로 탐독하기 시작했다. 자비와 용서의 은혜로운 초대가 이처럼 자유롭게 제시될 때, 나는 하나님의 은혜의 언약에 참여하게 되기를 간절히 기도하며 희망을 품었다. 영원히 찬송을 받으실 삼위일체 하나님께서 나를 위로 없이 내버려 두지 않으신 것에 감사드린다.

헨리 마틴은 그리스도 안에서 새 사람이 되었던 것이

다.

이때, 헨리 마틴은 케임브리지에서의 학업을 1년 남겨 두고 있었다. 그 해는 의미 깊은 한 해였으며, 그리스도를 향한 헌신은 더욱 깊어졌다. 1801년 1월, 그는 뛰어난 학생들 중에서 최고 수석 Senior Wrangler 으로 졸업하였다. 그러나 자기 영광을 위한 학문적 성취는 더 이상 매력적이지 않았다. 그 대신 자신의 재능을 그리스도를 위하여 사용하고자 하는 불타는 열망을 품게 되었으며, 그 열망은 점차 타올라 헨리 마틴을 인도로 이끌어 그곳에서 주님을 섬기도록 이끌었다.

인도에서 마틴은 언어 공부에 몰두하였다. 그의 목표는 성경 번역이었다. 그는 아랍어, 페르시아어, 힌두스타니어를 공부하였다. 1811년에 힌두스타니어로 신약성경 번역을 마쳤다. 이 사역을 마친 그는 아라비아와 페르시아로 향하였다. 그 지역에도 신약성경이 번역되어야 했기 때문이다. 헨리 마틴은 그 일을 위해 준비된 사람으로 보였다.

헨리 마틴의 하나님에 대한 의지

여기까지 나는 마틴의 삶을 큰 흐름 속에서 그려 보았다. 마치 승리의 연속처럼 보이는 이야기이다. 학문의 정복자! 번역의 정복자! 천국의 총애받는 자! 수식어는 끝도 없이 이어질 수 있을 것이다. 그러나 이러한 이야기 속에서는 우리와 같은 평범한 사람들에게 도움이 될 만한 것을 찾기 어려울 것이다.

헨리 마틴*Henry Martyn*에 대해 우리가 알아야 할 중요한 부분은 거의 드러나지 않았다. 마틴이 수많은 세대의 그리스도인들에게 사랑받아 온 이유는 이런 업적들 때문만은 아니다. 그에게는 또 다른 이유가 있다. 헨리 마틴은 하나님을 의지하여 사는 법을 배우고 있었다. 이 점에서 그는 데이비드 브레이너드*David Brainerd*와 닮아 있다. 두 사람 모두 크게 쓰임 받았다. 하지만 그것이 우리가 그들을 기억하는 이유는 아니다. 우리는 그들의 삶에서 다른 요소를 보기 위해 그들을 찾는다. 그 다른 요소란 바로 하나님을 의지하며 사는 삶이다. 이것을 설명해 보려고 한다.

사람은 자신의 성공이 아니라, 자신이 섬기는 분의 성품에서 영감을 얻을 때 하나님을 의지하며 사는 사람이라고 할 수 있다. 바로 이것이 웨스트민스터 소교리문답*Shorter Catechism*이 첫 번째 질문에서 보여주고자 하는 것이다.

문
사람의 첫째 되는 목적은 무엇입니까?

답

사람의 첫째 되는 목적은 하나님을 영화롭게 하고, 그분을 영원토록 즐거워하는 것입니다.

나는 마지막 부분에 주목하고자 한다. '영원토록 그를 즐거워한다'는 것은 무엇을 의미하는가? 나는 나 자신을 즐거워할 수 있고, 다른 사람들을 즐거워할 수도 있다. 하지만 하나님을 즐거워할 수 있는가? 소교리문답을 작성한 사람들은 믿는 자들이 하나님을 즐거워할 수 있으며, 영원토록 그렇게 할 것이라고 확신했다. 시편 기자도 그렇게 생각했다.

하늘에서는 주 외에 누가 내게 있으리요 땅에서는 주 밖에 내가 사모할 이 없나이다 내 육체와 마음은 쇠약하나 하나님은 내 마음의 반석이시요 영원한 분깃이시라 시 73:25-26

신약성경 또한 이를 뒷받침한다. 주 예수 그리스도의 기도를 들어보자.

아버지여 내게 주신 자도 나 있는 곳에 나와 함께 있어 아버지께서 창세 전부터 나를 사랑하시므로 내게 주신 나의 영광을 그들로 보게 하시기를 원하옵나이다 요 17:24

우리는 영원에서 무엇을 하게 될 것인가? 여기 주님의 대답이 있다. 우리는 그의 영광을 보게 될 것이다. 이것은 부차적인 일이 아니다. 결코 그렇지 않다! 오히려 예수님은 이것을 우리가 거기에 있어야 하는 이유로 주신다. 그렇다면 그의 '영광'은 무엇인가? 그것은 그분이 누구신지를 말해준다. 하나님께서는 자신의 성품을 그리스도 안에서 우리에게 보여 주셨다. 예수님은 하나님을 계시하신다. 하나님은 영광스러우신가? 예수 그리스도가 하나님의 대답이다. 우리는 그 대답을 보고, 느끼고, 즐기며, 놀라워하며, 영원토록 경탄하게 될 것이다!

이제 헨리 마틴으로 돌아가자! 나는 그가 하나님 안에서 살았다고 말했다. 이 말에 대한 증거는 무엇인가?

그의 일기에서 찾을 수 있다. 1806년 2월 13일, 인도로 항해하는 배 안에서 그는 이렇게 기록했다. 그는 아팠다. 그리고 사랑했던 여인, 리디아 그렌펠을 떠나 항해 중이었다. 다시는 그녀를 보지 못하게 될 것이다.

> 나는 다시금 고통이 나에게 정해진 몫이라는 진리를 마음에 새기려고 애썼다. … 하지만 나는 이렇게 외치고 싶었다. 나는 얼마나 불행한 존재인가! 슬픔과 근심의 자식이로다. 나는 어린 시절부터 모순된 일들만을 겪어왔다. 그러나 나는

> 늘 언젠가는 상황이 나아지고, 가정의 즐거움을 누리며 안정된 삶을 살게 될 것이라는 희망으로 스스로를 위로하곤 했다. 그런데 학교와 대학에서의 모든 지치도록 고된 수고 끝에, 모든 친구들과 위로와 가장 소중했던 소망들로부터 단절되고 말았다. 이제는 그 소망들을 다시 품을 기회조차 허락받지 못하게 되었구나.

마틴이 이 글을 쓸 때의 모습을 상상해 보라. 무엇이 보이는가? 좌절감에 잠식된 한 사람의 모습이 떠오르는가? 그가 쓴 내용을 끝까지 들어보자.

> 내가 갑판 위를 걸으며, 다른 이들의 대화와 나 자신의 미래 고난에 대한 우울한 추측들이 예전만큼 짜증나게 하지 않는다는 것을 깨달았다. 그 이유는 단 하나였다. 나는 이 모든 것을 하나님의 몫으로 받아들였으며, 그분의 모든 섭리를 무한한 지혜와 사랑의 열매로 여기고 받아들여야 한다는 의무감을 느꼈기 때문이다. 그래서 나는 매우 평온함을 느꼈고, 내면에서 위로부터 주어지는 힘으로 강건하게 되었음을 분명히 느꼈다. 따라서 내 현재의 병과 우울함을 상쇄할 어떤 기쁨이나 즐거운 생각도 없었지만, 나는 만족스러웠다. 왜냐하면 그것을 행하신 분이 하나님이시라는 생각 때문이었다.

이제 낭만은 사라졌다. 여기서 승리는 다른 종류의 승리이다. 하지만 그것은 실제적이다. 이제 이 상황을 이해해 보자.

　　먼저 마틴의 마지막 말을 살펴보자. "이것은 하나님이 하신 일이다." 이 말 자체에는 위로가 없다. 전혀 없다. 내 말이 믿어지지 않는다면, 이 말을 친구에게 해보라. 하나님이 누구신지를 전혀 모르는 이웃을 찾아가라. 그리고 그가 큰 상실을 당했을 때 그에게 "이것은 하나님이 하신 일이다"라고 말해 보라. 그가 이 말을 듣고 당신에게 감사를 표할까? 나는 그렇게 생각하지 않는다. 그는 당신의 말을 믿을 수도 있다. 그것조차도 의문이지만 그러나 그는 당신에게 감사하지 않을 것이다. 그는 이 말에서 아무런 위로를 얻지 못할 것이다.

　　또 다른 표현이 있다. "나는 이것을 하나님께서 주신 나의 몫으로 받아들였다." 이 말에는 얼마나 많은 위로가 있는가? 대부분 사람들은 전혀 위로를 얻지 못할 것이다. 그들 또한 "하나님이 하셨다"라고 말할 수 있다. 그러나 그것은 아무런 도움도 되지 않는다.

　　헨리의 위로는 "하나님"이라는 단어 자체에 있지 않았다. 위로는 하나님의 성품에 있었으며, 헨리 마틴이 하나님의 본성을 어느 정도 이해했다는 사실에 있었다. 그의 상황은 암울했고, 희망은 무너졌으며, 바다는 위험했고, 병들어 있었다. 그런데 헨리는 이 모든 사실을 어떻게 받아들였는가? "나는 [이 모든 것을] 나를 향한 무한한 지혜와 사랑의 열매로 여기고 받아들여야 한다." 이것이 그의 대답이다! 그리고 이 대답만이 참된 답이다. 하나님은 무한히 지혜롭고 사랑이 많으신 분이다. 바로 이 하나님은 그 존재 자체로 섬길 가치가 있는 분이시다. 헨리 마틴은 바로 이 하나님으로 살았다.

헨리 마틴의 하나님을 아는 지식

더 나아가 보자. 나는 마틴의 하나님을 아는 지식이 그의 사역에 어떻게 영향을 미쳤는지를 보여주고자 한다. 앞에서 '하나님에 대해 가장 많이 아는 사람이야말로 가장 큰 책임을 지고 가장 잘 하나님을 전할 수 있는 사람'이라고 말했다. 헨리 마틴의 삶은 이 주장을 잘 보여주는 사례가 될 것이다.

마튼은 1806년 5월 16일 캘커타에 도착하자마자 하나의 시험에 직면했다. 그는 인도의 내륙으로 보내져 그곳에서 더 많은 원주민들과 접촉할 수 있기를 바랐다. 처음에는 그 희망이 헛된 것처럼 보였다. 동료 사역자들은 그가 캘커타에 머물기를 원했다. 5월 17일 일지에서 마틴은 이 문제로 씨름한다.

> 나는 이것을 달가워하지 않을 이유가 너무 많다. 나는 이렇게 생각한다. 이방인들 가운데 선교사로 가지 못한다면, 내 마음은 부서질 것이다. 그것이 나의 고집인지, 아니면 다른 무엇인지는 아직 정확히 알 수 없다. 그러나 어쨌든 나는 모든 일에 순종을 배워야 한다. … 나는 [하나님께서] 모든 것을 친히 섭리하신다는 사실을 잊고 있었다. 나는 염려의 짐을 스스로 짊어지고 있었으며, 모두 하나님께 맡기지 않고 있었다.

헨리가 평화를 찾으려고 한 방법은 하나님의 주권에 대해 생각하는 것이었다. 그러나 그것이 그에게 어떤 영향을 미쳤는가? 그 책임감마저도 사라지게 했는가? 그의 대답은 다음과 같다.

> 나는 하나님을 위해 무언가를 해야 한다는 마음의 압박감을 느낀다. 모든 사람들이 부지런히 일하고 있지만 나는 아무 일도 하지 못하고 있다. 모두들 자신에게 주어진 일을 감당하고 있지만 나는 불확실함 속에서 방황하고 있다. 나는 은혜만 있으면 된다. 나는 온전히 거룩해지고 싶고, 나 자신과 나의 말을 듣는 사람들을 구원하고 싶다. 나는 지금까지 거의 목적

없이 살아왔으며, 하나님의 종이라기보다는 오히려 흙덩이처럼 살아왔다. 이제는 하나님을 위해 불태우며 살고 싶다.

그의 마음에서 우러나온 대답은 이것이다. "이제는 하나님을 위해 불태우며 살고 싶다!" 헨리 마틴은 하나님을 알았다. 나는 헨리 마틴이 하나님 안에서 살았다고 말했다. 그 결과는 무엇이었는가? 그 하나님을 아는 지식이 열매를 맺었다. 그것은 그에게 책임감을 가르쳤고, 그는 그 교훈을 결코 잊지 않았다. 이 점에서 그는 우리의 본보기이다. 하나님의 성품에 대해 생각하는 시간은 결코 헛된 시간이 아니다. 그러나 그 시간이 우리를 일에서 멀어지게 해서는 안 된다. 우리는 하나님의 영광을 생각하며 마음속에서 불타올라야 한다. 그리고 우리는 하나님을 위해 그 불꽃을 태워야 한다.

또 한 가지 중요한 점이 있다. 마틴의 준비는 어떠했는가? 그의 하나님을 아는 지식은 그를 사명에 적합하게 만들었는가?

회의적인 사람은 이렇게 대답할지도 모른다. "마틴의 건강 상태를 보라. 그의 허약함은 하나님에 대해 지나치게 많이 생각한 결과다!" 마틴이 자신을 돌보지 않았고, 그로 인해 일찍 죽음을 맞이했다는 것은 사실이다. 그러나 자신의 생명을 사랑하는 것은 선교 사역에 주요 요소가 아니다.

선교사에게 필요한 자질은 무엇인가? 분명히 많은 것들이 필요하다. 그 중 몇 가지를 얘기하려고 한다. 그리고 하나님의 지식이 마틴에게 그러한 자질을 갖추도록 어떻게 도왔는지 살펴보자.

첫째, 나는 겸손을 생각한다. 이 젊은이에게는 겸손이 있었는가? 하나님의 지식이 그의 교만을 꺾어 주었는가? 다시 그의 일기를 보면 도움이 된다. 1806년 7월 6일, 같은 날에 일어난 두 가지 사건이 기록되어 있다. 이 두 사건 중 하나라도 평범한 사람에게는 큰 상처가 될 만한 사건이었다.

첫 번째 사건은 마틴이 캘커타에서 받은 대우와 관련이 있다.

> 리머릭이 베드로후서 1장 13절에 대해 설교하였는데, 그는 나와 내 교리를 노골적으로 비판했다. 그는 내 교리를 불합리하고, 지나치며, 터무니없는 것이라고 불렀다. 그는 나의 교리에서 온갖 잘못된 추론을 이끌어내어, 결국 교리 자체를 부정하였다. 회개는 하나님의 선물이라고 말하는 것은 사람들이 그저 앉아서 하나님을 기다리게 만든다고 말했다. 인간 본성이 전적으로 부패했다는 가르침은 사람들을 절망하게 만

> 든다고 했고, 그리스도의 의가 충분히 우리를 의롭다 하기에 충분하다고 가르치면, 그들은 자신들의 의를 가질 필요가 없다고 여길 것이라고 주장했다. 이 마지막 주장은 나를 상당히 흔들어 놓았고, 나는 그러한 노골적이고 이단적인 내용을 들으며 깜짝 놀랐다.

이 설교를 들은 마틴의 마음은 어땠을까? 상상하기 어렵지 않다. 리머릭의 설교는 거기서 끝나지 않았다.

> 그는 내가 무엇을 말하는지도 모르고, 무엇을 주장하는지도 모른 채 오직 자기만족과 교만, 그리고 불편함을 전하는 사람 중 하나라고 말했다.

마틴은 이에 어떻게 반응했는가? 물론 그는 천사가 아니었다. 그는 그 말들에 상처를 받았다. 그러나 거기서 멈추지 않았다. 그의 말을 들어보자.

> 나는 큰 충격을 받았으나, 하나님께서 나를 자비로 붙드셔서 너무 깊은 슬픔에 빠지지 않게 하셨다. 나는 하나님께 감사드리며, 다시금 나의 무지와 죄를 깨달았다. 이 모든 것이 나에게서 나온 것이 아님을 다시 깨달았고, 하나님만이 나의 힘과 도움이심을 고백하였다.

마틴은 자신을 돌아보며 하나님께 감사드리는 쪽으로 나아갔다. 그는 자신의 무지와 죄성을 인정했고, 모든 것을 하나님께 맡겼다. 마틴은 하나님의 은혜에 의지하는 법을 배우고 있었던 것이다. 이로써 우리는 마틴이 하나님을 아는 지식을 통해 겸손함을 배우고 있었음을 알 수 있다.

> 나는 나중에 주님의 성찬을 집례하게 된 것을 기쁘게 여겼다. 왜냐하면 그 복된 예식의 엄숙함이 내 마음을 달래 주었기 때문이다. 솟아오르던 거친 감정과 경멸의 마음을 누그러뜨려 주었다. 그리고 나는 …와 …에게 성찬 잔을 나누면서 진심으로 선한 뜻을 품었다.

하나님께서 우리 모두에게, 마틴이 여기서 보여 준 것처럼, 자신에 대한 비난을 은혜롭게 들을 수 있는 지혜를 허락해 주시기를 바란다. 마틴은 주의 만찬을 집례하면서, 죄인을 위해 행하신 그리스도의 사역을 생각했고, 그로 인해 그의 분노는 가라앉았다.

그날 저녁, 그의 겸손을 시험하는 또 다른 일이 있었다. 그는 잠시 성공의 단면을 엿보게 되었다.

> 밤에 나는 선교 교회에서 요한복음 4장 10절로 설교를 했다. 하나님의 은혜로, 넓은 마음으로 말씀을 전할 수 있었다. 나

> 는 …이 눈물을 흘리는 모습을 보았고, 아마도 몇몇이 구원받는 은혜를 입었을지도 모른다는 소망을 품게 되었다. 그러나 나에게는 오직 하나님께서 영광을 받으시기를 바라는 마음뿐이었다.

그리고 마틴은 이렇게 의미심장한 한 문장을 덧붙였다.

> 누군가가 내 설교를 듣고 깨닫게 되었다면, 내가 그것에 대해 듣지 않게 하소서. 내가 자랑할 수 없도록.

여기서 우리는 하나님을 아는 지식이 미치는 직접적인 영향을 볼 수 있다. 하나님께서 영광을 받으셔야 한다. 영혼을 깨우는 일에 대해서, 그 어떤 찬사도, 한 점의 공로도 인간이 가로채서는 안 된다. 하나님의 위대하심은 도구인 사람의 무가치함을 드러낸다. 하나님께서 우리에게 이러한 겸손을 주시기를 바란다.

겸손함 다음으로 선교사에게 필요한 것은 무엇인가? 소망이 필요하다. 그리고 소망과 뗄 수 없는 인내도 필요하다. 그렇다면 하나님을 아는 지식이 이런 것들을 낳을 수 있는가? 하나님 안에 살았던 마틴은 어떠한가? 다시 한번 마틴의 일기를 살펴보자. 그는 1806년 말에 디나포르에 파송되었고, 1806년 12월 2일의 일기에 이렇게 기록했다.

> A씨와 원주민에 대해 나눈 대화는 내 영혼에 큰 시련이 되었지만, 수많은 번민 가운데서도 나는 여전히 우리 앞에 제시된 소망 속에서 강한 위로를 발견했다. 사람들이 그 어떤 악행을 저질러도, 내가 산산조각 나고, 사랑하는 L 리디아 그렌펠이 나로부터 떼어지더라도, 혹은 내가 50년 동안 조롱을 받으며 수고하고, 한 영혼도 구원받는 것을 보지 못한다 하더라도, 그것이 영원속의 내 영혼에 더 나쁠 일도 아니며, 현재의 삶에서도 더 나쁠 일은 아니다. 이방 나라들이 분노하고, 영국인들이 헛된 일을 꾸민다 해도, 모든 일을 주관하시는 주 예수께서 나의 친구시며, 나의 주님이시며, 나의 하나님이시며, 나의 모든 것이시다 … 오, 잠시 동안이라도 나로 하여금 수고하며 모욕을 당하게 하소서!

이 일기는 그 자체로 많은 것을 말해 준다. 여기에는 "인내가 온전히 이루는" 것^{약 1:4}이 나타나 있다. 또한 소망도 있다. 이 둘은 모두 그리스도를 아는 지식에 기초하고 있다. 그리스도께서 "모든 사건을 주관하신다." 그것만으로도 충분하다.

그러나 위의 일기에서 나타난 소망은 영원에 대한 소

망처럼 보인다. 그렇다면 이 땅에서 복음의 성공에 대한 소망은 어떠한가? 원주민들이 회심할 것인가? 아니면 A씨의 말처럼 그들은 회심이 불가능한 존재일까? 마틴이 하나님의 성품으로부터 어떻게 대답을 얻었는지를 다음 기록에서 주목해 보자. 날짜는 1807년 4월 6일이다.

> 우리들은 원주민들에 대해 이야기할 때, 늘 그렇듯이 그들은 결코 회심할 수 없으며, 설령 회심한다 해도 지금보다 더 악해질 것이라고 말했다. … 그들은 어떤 일에서도 하나님을 인정하지 않기 때문에, 이 주제에 대해 놀랄 만큼 단정적으로 말하는 경향이 있다. '주의 판단은 그 눈에 높아서 보이지 아니함이니이다.' 우리가 평생을 수고하고도 단 한 명의 회심자를 보지 못한다 해도, 현재의 삶에서 더 나빠질 일은 없고, 영원에서도 우리의 상은 동일하다. 우리가 헌신하는 이 사역은 긍휼과 진리의 사역이기에, 비록 겉보기에는 불가능해 보일지라도 결국은 승리하게 될 것이다.

이 일기에서도 역시 영원이 시야에 들어와 있다. 그러나 동시에 하나님께서 우리가 품기를 기대하시는 그 소망도 담겨 있다. 그것은 우리 자신에 대한 소망이 아니다! 우리는 종종 그런 소망을 지나치게 가지고 있다. 우리는 하나님의 일이 우리와 함께 시작되고 끝난다고 생각한다. 그러나 그것은 하나님을 계산에 넣지 않은 태도이다. "긍휼과 진리의 사역"은 하나님의 사역이다. 그리고 그것은 하나님의 연약함만큼 연약하다. 즉, 전혀 연약하지 않다는 말이다!

선교사에게 꼭 필요한 것이 한 가지 더 있다. 바로 메시지이다. 메시지 없이는 모든 것이 헛되다. 선교사는 하나님을 대신해 말씀해야 한다. 그러므로 "마틴이 하나님을 아는 지식이 그의 메시지에 어떤 영향을 미쳤는가?"라는 질문으로 이어지는 것은 매우 적절하다.

마틴이 복음의 전체적인 윤곽을 설교했다는 것은 의심할 여지가 없다. 그의 삶 전체가 그것을 위해 바쳐졌다. 그러나 다른 점 하나를 말하고 싶다. 마틴이 섬기는 하나님을 알았기 때문에 적용했던 것이 무엇인지 주목해 보라. 그의 편지들 중에는 데어*Dare* 부인에게 보낸 편지가 있다. 두 사람이 모두 알고 있는 한 대령에 관한 것이었다.

> 그는 이 세상의 부와 관련하여 마음이 원하는 것을 모두 가지고 있으면서도 여전히 불안해한다는 것을 당신도 알고 있지 않습니까. 때로는 모임이 지루하다고 하고, 다른 때에는 생활 환경이 문제라고 하며, 그는 부대를 떠나야 한다고 주장하죠. 오늘은 가야*Gya*로, 내일은 강으로 가겠다고 하는 그

에게 말해줍니다. "당신은 거처를 바꿀 필요가 없습니다. 당신의 마음을 바꿔야 합니다. 하나님 안에서 행복을 찾으십시오. 그러면 당신은 마음속에 천국을 간직하고 다니게 될 것입니다."

"하나님 안에서 행복을 찾도록 하라." 이것이 세상을 향한 메시지이다!

그 자신이 누구이신지 알려지고 섬김 받으시기에 합당한 하나님은, 이 세상의 갈망에 대한 해답 그 자체이시다. 그리고 그분을 가장 잘 아는 사람들이 그분을 섬기기에 가장 잘 준비된 자들이다. 그분은 그들의 메시지이다. 우리가 그리스도의 얼굴에서 하나님의 영광을 발견했다면, 우리는 주저하지 말고 그 영광을 전해야 한다. 하나님의 영광은 알려져야 한다.

하나님을 의지하여 사는 법을 배웠는가? 어느 정도 배웠다는 생각이 든다면, 우리는 그만큼 준비된 사람이다. 우리는 영광스러운 하나님을 섬기기에 준비된 자들이다!

14장
남겨진 과업

현대 복음주의의 낮은 하나님 이해를 비판하는 것은 그리 어려운 일이 아니다. 하지만 비판은 동시에 하나의 부르심이기도 하다. 이 부르심은 두 가지 측면에서 우리를 향한다. 첫째, 하나님에 대한 우리의 지식을 더욱 깊게 하라는 것이다. 예수께서 말씀하셨다. "성경을 연구하거니와 이 성경이 곧 내게 대하여 증언하는 것이니라." 하나님과 그리스도에 대해 배우고 싶은가? 성경이 우리의 원천이다. 그 보화를 캐내는 것이 우리의 평생 사역이다. 우리의 목표는 하나님 안에서 만족을 찾는 것이다. 하나님께서 우리를 그렇게 도우시기를 바란다!

현대 선교 운동의 초기 후원자 중 한 사람인 사무엘 피

어스*Samuel Pearce*의 말은 우리에게 큰 도움이 된다.

> 하나님께서 최근에 나에게 그 어느 때보다도 더 깊이 가르쳐 주신 것이 있다. 그것은 바로 하나님 자신이 행복의 근원이라는 것이다. 그분을 닮는 것, 그분과의 우정, 그분과의 교제가 모든 참된 즐거움의 기초를 이룬다는 것이다. 나의 사랑하는 구주께 찬양을 돌린다. 그분께서 나에게 주신 마음, 즉 그분의 이름이 영화롭게 되기만 한다면 무엇이든 되고, 무엇이든 하고, 무엇이든 견디겠다는 이 마음, 나는 바로 그 마음이 이 땅에서 시작되는 천국이라고 말하고 싶다.

여기에서 그 부르심의 첫 번째 부분에 응답하는 모습을 본다. 그리고 하나님께서 친히 우리의 마음 안에 그 마음가짐과 성향을 만들어 주신다는 사실을 본다.

그러나 이 부름에는 또 다른 부분이 있다. 바로 우리의 책임을 상기시킨다는 점이다. 우리에게는 다른 사람들이 필요로 하는 귀한 보물이 있다. 곧, 하나님께서 예수 그리스도 안에서 자신을 나타내신 지식이다. 하나님에 대한 피상적인 인식으로는 이 세상을 구원할 수 없다. 불가능하다. 그러므로 우리가 해야 할 일은 분명하다. 하나님께 기도해야 한다. 하나님께서 자신의 사자를, 그리고 그분이 원하신다면 우리까지도 땅 끝까지 보내셔서, 하나님이 그리스도 안에서 자신을 계시하신 이 메시지를 전하게 해 달라고 기도해야 한다.

비판하는 일은 얼마나 쉬운가! 남을 향해 손가락질을 하는 일은 얼마나 쉽고도 흔한가! 그런 일에는 노력도 필요 없고, 좋은 열매 또한 없다! 주님께서 말씀하셨듯이, 만일 형제의 눈에 티가 있다면, 그것도 주목해야 할 일이다. 우리는 형제를 도와야 한다. 그러나 먼저 해야 할 일이 있다. 우리 자신의 눈에 있는 들보를 제거해야 한다. 하나님을 가장 잘 안다고 자부하는 우리가, 죽어가는 세상을 향해 눈을 감고 있었던 것은 아닐까? 과연 그럴 수 있겠는가?

남태평양의 탐험가였던 제임스 쿡 선장은 하나님께서 위대한 발견을 이루게 하신 인물이다. 여러분 중에는 쿡 선장의 이름이 익숙한 사람들도 있을 것이다. 그런데 얼마나 많은 사람들이 그가 자신이 발견한 섬들에 선교사가 올 수 있을지에 대해 고민했다는 사실을 알고 있는가? 쿡 선장은 이렇게 했다.

> 이런 종류의 조치가 진지하게 고려될 가능성은 매우 낮다. 왜냐하면 그것은 공적인 야망이나 사적인 탐욕에 부합되지 않기 때문이다. 나는 단언할 수 있다. 이러한 유인책이 없다면,

결코 그런 시도가 이루어지지 않을 것이라고…

분명히 쿡 선장은 여기서 하나님을 전혀 고려하지 않고 있다. 하나님을 배제하고 세운 모든 인간의 예측은 결국 실패할 수밖에 없다. 그러나 제임스 쿡은 인간 본성에 대해 잘 알고 있었다. 그는 인간을 움직이고 지배하는 것이 야망과 탐욕이라는 사실을 알고 있었다. 바로 그것이 이 세상의 동기이다. 그리고 바다를 누비며 살아온 선장이기에 이러한 사실을 누구보다 잘 알고 있었을 것이다!

그러나 하나님께서는 교회들의 눈을 쿡 선장이 상상할 수 있는 범위를 넘어 더 높이 들어 올리셨다. 하나님께서는 잃어버린 세상을 보여 주셨고, 긍휼의 마음을 품게 하셨다. 우리는 그 긍휼을 예수 그리스도의 얼굴에서 보았다. 긍휼은 우리를 움직였다. 잃어버린 사람들을 향한 시선은 교회를 땅끝까지 나아가게 했다. 하나님의 백성은 '아직 이방의 어둠 속에 묻혀 있는 자들을 구원하라'는 간절한 호소를 들었다. 그것은 위대한 호소였다. 부끄럽지만, 그 호소를 무관심하게 들었던 적이 있었음을 고백해야 한다. 그러나 교회는 여러 번 그 호소에 응답해 왔다. 하나님께 감사드린다!

그러나 여전히 해야 할 일이 남아 있고, 그 일을 해야 할 더 큰 이유도 있다. 우리의 호소 속에서 하나님의 변함없는 영광의 비전이 자주 사라져 버리곤 했다. 하나님은 바울의 시대보다 덜 영광스러운 분이신가? 캐리의 시대보다 덜 위대하신가? 인도가 처음 복음화되었을 때의 주님은 지금 그 왕권을 잃으셨는가? 1,800년의 주권자이신 주 하나님께서 지금은 사람을 보내시거나 사역을 성공으로 이끄시는 능력을 잃으신 것인가? 결코 그렇지 않다! 그럼에도 요즘의 일부 선교 요청을 들으면 마치 그렇게 여겨질 정도이다.

그렇다면 우리는 무엇을 해야 하는가? 우리는 바울의 말을 붙들어야 한다. '뒤에 있는 것은 잊어버리고 앞으로 나아가라!' 우리는 과거를 돌아볼 필요가 없다. 앞을 향해 나아가야 한다. 열방 가운데 하나님의 영광을 선포해야 한다. 오해하지 말라. 나는 잃어버린 세상에 대한 우리의 빚을 부정하려는 것이 아니다. 나는 그리스도인의 마음을 움직이는 긍휼의 감정을 결코 빼놓을 수 없다고 생각한다. 그러나 이러한 위대한 동기들은 서로 충돌하는 것이 아니다. 전혀 그렇지 않다!

1810년 5월 24일, 윌리엄 캐리는 다음과 같은 글을 남겼다.

> 내가 영국을 떠나 이 나라(인도)로 온 지 거의 17년이 되어
> 간다. 그동안 나는 하나님의 사역과 관련된 모든 것에 새로
> 운 모습을 가져온 놀라운 사건들의 연속을 목격해왔다. 그러
> 나 이 모든 일은 너무나 신비한 방식으로 하나님에 의해 이루
> 어졌기에, 누구라도 이 모든 사역이 자기 손을 통해 이루어
> 졌다고 단정지을 수 있는 사람이 없을 것이다. 우리는 그 결
> 과를 보고 기뻐하지만, 그것이 어떻게 이루어졌는지는 아무
> 도 설명할 수 없다.

나는 글을 마치며 캐리의 말을 함께 생각해보고자 한다. 그는 종종 '근대 선교의 아버지'라고 불리는 사람이다. 그러나 그 이상으로, 그는 하나님을 아는 사람이었다.

이 사람을 움직였던 것이 무엇이었는지 상상해보라. 자기 영광을 위한 야망이었는가? 만약 그랬다면, 캐리는 크게 실망했을 것이다. 그러나 방금 인용한 그의 말에는 그 어떤 실망의 기색도 보이지 않는다.

분명하고 부인할 수 없는 사실은, 캐리가 처음부터 하나님의 영광의 위대함에 사로잡혔다는 것이다. 우리는 그의 선교 여정의 시작에서 무엇을 동기로 삼았는지 이미 보았다. 이제 그는 선교 사역의 끝자락에서 변함없는 고백을 남긴다. 오히려 그 확신은 세월이 지날수록 더욱 깊어지고

자라났다. 하나님은 참으로 영광스러운 분이시다!

　　하나님의 영광이 캐리의 메시지에서 큰 비중을 차지했다는 것은 어렵지 않게 이해할 수 있다. 다시 한 번 그의 말을 보라. 그 말은 영국에 있는 선교 동역자들에게 보낸 것이다. 그 말에는 캐리의 성품에 스며든 어떤 영적 분위기가 느껴진다. 그는 이런 진리를 자신의 개종자들에게 숨겼을까? 그들에게 '이 모든 일이 하나님에 의해 진행되었다'는 사실을 결코 말하지 않았을까? 그저 인도가 스스로 이 진리를 깨닫도록 내버려 두었을까? 그럴 리가 없다. 캐리 또한 그렇게 하고 싶어 하지 않았을 것이다.

　　캐리는 이제 이 땅에 없다. 그리고 그를 따랐던 이들 또한 모두 이 세상을 떠났다. 이제 그 사명은 우리에게 맡겨졌다. 더 이상 그들의 것이 아니다. 그들은 그들의 수고를 마치고 안식에 들어갔다. 이제 그 사명은 우리의 것이다.
　　우리는 이 사명을 어떻게 감당할 것인가? 하나님께서 우리가 주저하지 않게 하시기를 기도한다. 우리가 구주를 사랑한다면, 그분을 알리기 위해 힘써야 한다. 그분의 성품과 그분 자신을 '지경 너머'까지 전해야 한다. 낮이 있는 동안 우리를 보내신 분의 일을 해야 한다. 그리고 그분을 대신하여 이렇게 외쳐야 한다.

"땅의 모든 끝이여 내게로 돌이켜 구원을 받으라 나는 하나님이라 다른 이가 없느니라."

우리 자신에 대한 확신이 적을지라도, 그것은 오히려 좋은 일이다. 참으로 좋은 일이다. 그리고 우리가 다른 두려움들을 마주한다면, 우리는 그것들을 직시할 수 있어야 한다. 하나님은 그 모든 것보다 크신 분이시다. 하나님의 사역은 반드시 승리할 것이다. 비록 우리가 떨며 일해야 할지라도, 우리는 선교사 바울의 고백을 따라 이렇게 외쳐야 한다.

"우리 가운데서 역사하시는 능력대로 우리가 구하거나 생각하는 모든 것에 더 넘치도록 능히 하실 이에게 교회 안에서와 그리스도 예수 안에서 영광이 대대로 영원무궁하기를 원하노라 아멘" 엡 3:20-21

선교를 위한 비전

개정판 1쇄 발행 2025년 6월 25일

지은이	톰 웰즈
옮긴이	김형익
펴낸이	허태영
디자인	스몰띵 smallthing
펴낸곳	에스에프씨(SFC)출판사
주소	(06593) 서울특별시 서초구 고무래로 10-5 2층 SFC출판부
Tel	(02)596-8493
Fax	(02)537-9389
홈페이지	www.sfcbooks.com
이메일	sfcbooks@sfcbooks.com
기획/편집	편집부
ISBN	979-11-989050-8-6
값	15,000원

잘못된 책은 구입하신 곳에서 교환해드립니다.